動物のかたちからできた漢字

虫

まむしのかたち（一般にむしの総称になった）

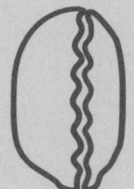

貝

子安貝のかたち（お金や装身具としても使われた）

魚

うおのかたち（よこの形がたてにかわった）

卵

たまごのかたち（鳥や虫、すべてのたまごに応用）

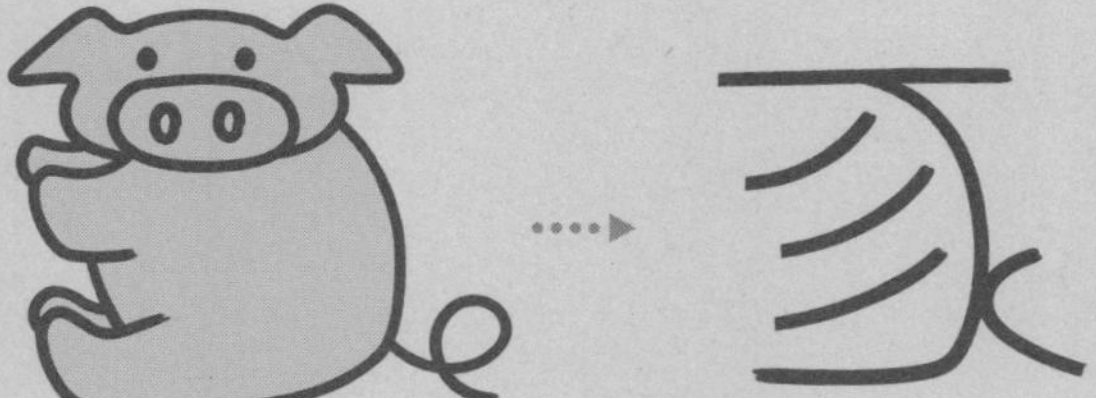

家

ぶたのかたち（その家の財産だった）

下村 昇の漢字ワールド①

日本の漢字・学校の漢字

現代子供と教育研究所・所長
下村 昇＝著

高文研

❖目次❖

第三章 こんな辞書があればいいのに！ 索引の問題点

第四章 日本の漢字＝熟語と意味の関係

第五章 学校の漢字と教師に必要な資質

第一章

当たり前ながら漢字は言葉だ

日本の漢字・学校の漢字

漢字の楽しさ、面白さ

普段、わたしたちは、本を読んだり文章を書いたりするのに、四種類の文字を使い分けているといったら、一瞬「えっ」と思うのではないでしょうか。でも、本当です。大人はもちろん、小学生でも外国人でも、日本文を読んだり書いたりするには、四種類の日本文を書き表すための文字を覚えなければなりません。そうしないと、正しい日本語の表記ができないからです。

でも、驚くことはありません。その四種類の文字というのは、漢字、ひらがな、カタカナ、そしてローマ字、この四種です。これらの四種の文字をわたしたちは何の苦もなく使いこなしています。「何の苦もなく」というのはちょっとオーバーかもしれませんが、知らず知らずのうちに漢字やカタカナ、ひらがななどを使っていることは確かです。

しかし、これらの中で、漢字と、他の三種の文字（ひらがな、カタカナ、ローマ字）とは、ちょっと性質が異なります。

どう違うかというと、ひらがな、カタカナ、ローマ字は、表音文字（Phonogram）といって、一字一字が「特定の意味を持たず、ただ発音だけを持つ文字」です。それに対して、漢字は言葉を意味の面からとらえて、一字一字を一定の意味にそれぞれ対応させた文字です。表意文字（Ideogram）とか、意字ともいいます。

表音文字が、特定の「意味を表す」ことがないというのは、ひらがなを例にとれば「ア」という音には「あ」という文字、「イ」という音には「い」といったように、もっぱら一つひとつの音声に対応して、その「発音を表す」という文字だということです。音字とか音標文字、写音文字などどもいいます。

このように、ひらがなやカタカナなどには「発音」と「字形」はありますが**【意味】**はありません。それに対して、漢字は一字一字が「発音」と「字形」と**【意味】**を持っています。

【山】は山が三つ連なったものの遠景を描いたところから出来た字で、その山脈の遠景から**【山】**という字形が出来たということは、ご承知の通りです。

そして、「サン・セン・やま」という読み、すなわち「音」があり、同時に①高くそびえ立つ地形。②鉱山。③高く盛り上がった状態、またはそのものを①になぞらえていう語。④量や人数などのはなはだしいことのたとえ（「黒山の人だかり」「一山五〇〇円」）のような意味概念を持っています。

【川】は、地表が細長いくぼみになり、水がそのくぼみに集まって、傾斜に沿って流れている様子をかたどったところから出来た字です。

「川」の両側は岸を表し、真ん中の短い棒は、このくぼみは空っぽではなく、中には水がとうとう（滔々）と流れているんだよ、ということを示しています。「川」の読みは「セン・かわ」であり、意味は「河川」そのものです。

漢字の【川】という文字は、「かわ」と発音したからといって「皮」や「革」の代わりにはなりませんし、【雨】を「あめ」と発音したからといって、「飴」や「編め」という文字の代わりにはなりません。言い換えると、漢字はその字一字が「言葉を表す文字」です。だとするならば、「語」を表し「意味」を表す文字である漢字の教え方と、表音文字といわれるカタカナやひらがなとを同じ感覚で教えるわけにはいきません。おのずから、漢字とひらがなやカタカナとは教え方や学び方が異なるはずです。

「漢字」というものが「言葉」を表し、「意味」を表すものだとすれば、ある一つの漢字を見ただけで、何かの「意味」を思い浮かべるはずです。次のようなことを考えてみましょう。

ひらがな二文字、「み」と「る」を合わせて「みる」という文字を読んだら、どんな意味を思い浮かべるでしょうか。きっと、多くの人は「see」（英語・シー＝見る）の意味を思い浮かべるに違いありません。しかし、「みる」という言葉の意味は、実際には「シー」だけではありません。

漢字で書き表す「みる」には、「見る」のほかに、「看る」「視る」「観る」「覧る」「診る」など、いろいろな漢字が使われます。ということは、それぞれ「みる」様子というか、「見方」というか、「みる」の意味概念がいろいろあるということなのです。

では、これらの「みる」は、どう区別されるのでしょうか。

❖──見る

「目」と「儿」（ひとあし）の組み合わせです。人間の頭部に大きく「目」をつけて、「みる」ことを象徴的に表現し、「みる、みえる、ちょっと目に触れる」ことを表します。英語の「see」に相当します。熟語としては「見聞」「見当」などと使います。

❖──看る

「手」と「目」の組み合わせです。目の上に手をかざした形です。高い山の山頂から景色を眺めたり、街中で人を探したりするときによくやるでしょう、あの形です。「よく見る、見ようとしてみる」ことを表します。英語の「look」に相当します。熟語としては「看視」「看護」などと使います。

❖──視る

みる意味を表す「見」と「示」との組み合わせです。「目を止めてじっと見る、気をつけてよく見る」ことです。英語の「inspect」に相当します。熟語としては「視界」「視線」などと使います。

❖―観る

みる意味を表す「見」と、回転する意味を表す「カン」（雚）との組み合わせです。「視」よりさらに念入りによく見ることで、「ぐるぐる見回す、念を入れてよく見る、注意して観察する」ことです。英語の「observe」に相当します。熟語としては「観衆」「観察」などと使います。

❖―覧る

高いところから見おろす意味を表す「監」と「見る」との合わせ字で、高所から見渡してみる形です。「広く見ること、一通り目を通すこと」です。英語の「look down」に相当します。熟語としては「展覧」「一覧」などと使います。

❖―診る

隅々まで手抜かりなく見て判断する意味の「シン」（㐱）と「言」から出来た字です。「くわしく見て状態をいいあかす、病状を見て調べる」ことです。英語の「diagnose」に相当します。熟語としては「診断」「診察」などと使います。

こうして並べたものを読んでみると、ひらがなで書いたとき、ただ単に「み」と「る」を合わせた「みる」でしかなかった文字が、漢字で書き分けると、こんなにも意味の上で微妙な違いまで表現できて、表情が出てくるものなんだなあ、と感じることでしょう。

漢字は言葉を意味の面からとらえて、一字一字を一定の意味にそれぞれ対応させた文字です。その一つひとつに意味があるわけです。こうした文字を「表意文字」(Ideogram)というといいましたが、わたしは、漢字は「表意」というよりも**《語を表す文字》**ということを強調したいので、あえて**「表語文字」**という言い方をしています。

もう一例、「とる」という言葉を漢字で考えてみます。

❖—**取る**

「耳」と「手」(又)。「又」は右手を横から見た形です。昔、中国では敵を倒したしるしとして、敵の耳を切り取って持ち帰ったようです。耳をつかみ取る意味から、すべて、ものを取ること。

❖—**捉る**

「扌」(手・てへん)と「足」。手と足を引き寄せて、くくり捕らえること。昔話に出てくるタヌキの両手両足をしばって、天井からぶらさげるような捕らえ方です。例 捕捉・捉髪など。

❖—**捕る**

「扌」(手・てへん)と「甫」。「甫」は逃げる意味。逃げるものを引っ捕らえ、捕まえること。例 捕鯨・捕縛 など。

❖—採る

「扌」（手・てへん）と「采」。「采」の「爫」は「爪」の形。「手」と同じで、指先で摘み取ることを表します。ですから、「采」は、良い材木を選び採ることで、それに、もう一つ「手」（扌）をつけて意味を強調したものが「採」です。手で選び採ること。例 採取・採集 など。

❖—把る

「扌」（手・てへん）と「巴」。「巴」は一種の蛇、蛇の鎌首を持ち上げた形が、鍋のふたの取っ手と似ているところから、取手のことを「巴」といい、これを手で握ることが「把」です。例 把持・把握 など。

❖—撮る

「扌」（手・てへん）と「最」。「最」は「帽子」の形と「取」で、目深にかぶった帽子を手で無理やりに取ること。それに「てへん」をつけて、手でつまみ取ること。例 撮影・撮要 など。

繰り返しますが、漢字は、それ一字で意味を表します。だからこそ、「表意文字」であり、「表語文字」なのです。

漢字は、一種、不思議な力を持っています。もし、恋人同士だった二人が、何かの事情で離れるようになったとします。この二人の「わかれ」は「分かれ」と「別れ」と「訣れ」、この三つの「わかれ」のうち、どれがふさわしい書き表し方でしょうか。

それは、彼らの「わかれ」の事情によるのではないでしょうか。だれもが客観的に見て、「わかれてよかったじゃないの」と思えるような「わかれ」なのか、話を聞いて思わず涙を誘われるような、悲劇的な「わかれ」なのか、そうしたことによって、書き手はこの二人にふさわしい「わかれ」という字を当てるのだと思います。

❖—分かれ

「八」（ひとやね）と「刀」。「八」は一本の棒を刃物で二つに切った形で、それに「刀」をつけた「分」は、物をべつべつに分けること。**例** 分配・分担 など。

❖—別れ

「べツ」（另）と「刂」（りっとう）。「另」は「骨」の意味で「刂」は「刀」の旁《つくり》。刀で骨と肉とを分かち放すことが「別」で、区別してはなす・わける・べつべつの意味。**例** 別離・分別 など。

❖—訣れ

「言葉」と「夬」（ケツ）。「ケツ」は「決壊」の「決」の右側「夬」（カイ・ケ・ケツ）と同じで、割れる意味。言葉を述べて双方が離れる意味。**例** 訣別・永訣 など。

「姦」どころか「嬲」までも

先日、電車に乗っていたときのことです。車内は空いていて立っている人は数えるほどでした。ある駅で乗り込んできた客のうち、二人連れのご婦人が、座って本を読んでいたわたしの前に立ちました。ホームで電車がくるのを待っていたときから話し合っていたのでしょう。その続きらしいのです。

わたしの頭上でしゃべり続けて、とうとう終点のターミナル駅に着くまで、そのおしゃべりはとどまるところを知りませんでした。二人でさえ、こうなのですから、もし三人だったら……と、つい思ってしまいました。そのとたん、わたしの頭の中に思い浮かんだのが「姦」（カン・ケン）という漢字でした。

わたしたちは「女」を三つ書いて「かしましい」と読みますが、女が三人寄ればおしゃべりが盛んで「やかましい、うるさい、さわがしい」というところから、「かしましい」（めざわりでうるさい）といいます。「なるほど」と思わずにはいられません。

本来は「姦通《かんつう》」（夫のある女が他の男と私通する、まおとこ）とか、「姦淫《かんいん》」（男女のみだらな行い、不義のちぎり）のように使い、「偽り」とか「よこしま」とか「みだら」などの意味ですが、「強姦」（暴力で女子を汚す）のように使うこともあります。

それが日本では「かしまし」と読んで、「かまびすしい、やかましい」となったもののようです。

「女」を三つ重ねた「姦」には、古代からの男尊女卑の思想が反映しているようです。第二次世界大戦前の日本では、女性には参政権（選挙権、被選挙権）が認められず、また民法上の「姦通罪」も女性（妻）だけに適用されました（一九四七年廃止）。男性は「姦通」をしても罪を問われず、女性だけが罪とされたのです。

「姦」は、もと「女へんに女」と書く字があり、この字は「ナン」と読んで、意味は「女が争い訴える」ことですが、それにもう一つ「女」を加えて「姦」という字を作り、「カン・ケン」と読んで「女の不義」の意味にしたのだといわれます。

「女へんに女」どころか、「女へんに男」と書く字もあります。JISコードで5533を叩《たた》いてください。「嬲」、この字が出てきます。さて、「ナン」と読むのでしょうか。実はこれが「ナン」とか「ネン」と読むのだそうですが、どんな意味でしょう。いろいろに推測してみてください。

それどころか「嬲」（ジョウ・ドウ・ノウ・なぶる）という字さえあります。女二人の間に男が一人挟まって、いじめられているのです。もてあそばれ、からかわれているのです。

こうなると「女にいいようにされて黙っているわけにはいかない……」と思う男が出てきます。驚いたことに、男が二人で、女をもてあそぶ字を作った人がいたのです。そしてそれを、男尊時代の人々は認めたのです。それが「嬲《じょう》」という字になって、今でも残っています。

ついでに、もっと驚く字をご紹介しましょうか。「女」の「又」には「力」がある、という字（努力の「努」）がありますが、それに負けず劣らず、「女」の「又」から「子」どもが産まれる字さえあります。「孥」（ド・ヌ）という字です。「妻と子供」とか「しもべ」「とりこ」という意味があります。「孥戮《どりく》」といったら、「夫または父の罪で、妻子まで一緒に殺す」ことです。

このように、漢字をみていると、得も言われぬ楽しさがあります。古代人のものの見方や考え方、生活の仕方まで推測されて楽しいものです。

こんなにも楽しい漢字を、宿題を忘れた規則違反の「バツ」として、ノートに一行ずつ書かされながら小学校生活を過ごしてきた子供はかわいそうです。どうか、漢字の学習を、嫌なもの、辛いものと思わせないで、ロマンあふれる知性を磨く道具として身近に感じさせてやって欲しいものです。

そういう意味で、わたしは、漢字を何字知っているかを競うような、漢字テストなどもあまり好きになれません。ましてや、見たこともないような漢字が書けたから、読めたからといって、それがどうだというのでしょう。

わたしにはわかりません。

「漢字」という言葉の学習

漢字の数は、五万とも五万五千ともいわれています。一日に一〇字ずつ覚えるとして、一年で三六五〇字、五万五千字を確実に一日一〇字ずつ計画通り覚えたとして、一六年はかかります。一六年といったらたいへんな年月です。小学校に入学したばかりの子供が、入学式の日から始めて大学卒業までかかる計算になります。

それればかりか、一つの漢字でいくつもの「読み」を持つものもあります。「津軽には七つの雪が降るとか―」と歌う演歌（「津軽恋女」新沼謙治）がありますが、この「雪」のもとになっている【雨】は一年生で習う漢字です。この「雨」を使った言葉もいろいろあります。

①春雨　②五月雨　③大雨　④小雨
⑤雨雲　⑥梅雨　⑦雨量　⑧初時雨

常用漢字表では、音読みで「ウ」、訓読みは「あめ・あま」だけしか認められていません。しかし、常用漢字付表を見ると、当て字や熟字訓の読みとして「五月雨」（さみだれ）、「時雨」（しぐれ）、「梅雨」（つゆ）などがあります。熟字訓というのは二字以上の漢字の組み合わせで、一つのまとまった意味を表す慣用のある熟語を訓読みして使う言葉のことです。

「山車」と書いて「だし」（祭礼のとき、種々の飾り物をつけて引く屋台）と読みますが、これは「山」が「だ」で、「車」が「し」というのではありません。ひっくるめて「だし」

と読むものです。こうした言葉の例には、なじみの言葉としては「土産」（みやげ）、「時計」（とけい）などがあります。

「雨」を使った言葉の読みは、次の通りです。

①春雨（はるさめ）　②五月雨（さみだれ）　③大雨（おおあめ）　④小雨（こさめ）
⑤雨雲（あまぐも）　⑥梅雨（つゆ）　⑦雨量（うりょう）　⑧初時雨（はつしぐれ）

このように、一つの漢字をいくつにも読むことを考えると、ひらがなやカタカナと違って、漢字の読みはかなりたいへんだということになりそうです。

幸い、現在の日本文を書くには、「漢字とかなを交ぜて書く」ということになっていますから、常用漢字（一九四五字）の範囲内でまかなえるようになっています。その点、安心です。それどころか、小学校で習う教育漢字（一〇〇六字）さえしっかりと使えれば、教育漢字とかなだけで、どこに出しても恥ずかしくない文章が書けるとまでいわれています。

小学校で習う漢字とはいっても、その字数は一〇〇〇字以上あるのですから、「かなり似ているなあ」と思うような字もたくさんあります。例えば「末」と「未」は、字形がよく似ています。画数も同じです。これらの字の違いは、横棒が二本ありますが、その二本の横棒の長さです。上が長いか、下が長いか、というところです。そこをきちんと書き分けないといけません。ということは、意識的に書き分けることが必要だということです。

意識的に書き分けなければならない字は「末」と「未」ばかりではありません。「土」と「士」も、横棒の長い短いで違いますし、「土」と「工」もたて棒が突き抜けるか、突き抜けないかの違いで異なった字になります。「天」と「夫」はどうでしょう。これらの字は、簡単な字形だからといって、いい加減に書かれると、混乱が生じます。上が長いのか、短いのか。突き抜けるのか、突き抜けないのか。そういうところをきちんと書き分ける、こうしたことが大切なのです。

漢字の練習というのは、決められた字体（教育漢字の標準字体）に近い字を、筆順に従って書く練習だということです。そうすることによって、両者のどこが似ていて（あるいは同じで）、どこが違うのかということも必然的にはっきりとわかるはずです。

八ページでも述べたように、表音文字の指導と表意文字の指導は、明らかに異なるはずです。読みの上では同じ「は」や「ハ」を教えることと、漢字の「葉 派 歯 刃 羽 波」などを教えることとは、おのずから指導内容が異なるはずです。それを「文字指導」だからといって、同列に考えてはいないでしょうか。もし、そうだとしたら文字指導の方法ばかりか、言葉の指導そのものを間違ってしまいます。

「あ」や「ア」のような表音文字の指導と違って、漢字も含めた**【言葉の学習】**は今まで述べてきたように、「言葉の表記法」と「言葉の発音」と「言葉の持つ意味内容」の三者が一体となって完成するものです。漢字指導が、ひらがなやカタカナの「あ」や「ア」を教えるのと同じような「教え方」では、それは、国語指導ではなくなってしまいます。

漢字は「教えるべきものではない。使わせるべきものだ」と言ったのは、漢字指導の石井方式で有名な故・石井勲氏（石井教育研究所長・日本漢字教育振興協会会長など歴任）です。まさしくその通りで、漢字は教えるべきものではなく、使わせるものです。「漢字を教える」のではなく、「漢字で教える」のであり、ここが表音文字と表語文字との教え方の違いになるところです。漢字は「国語学習の手段にすべきもの」であって、「国語学習の目的とすべきもの」ではないのです。

漢字の読みには、音と訓があります。音訓というのは「言葉」そのものです。ですから漢字にいくつもの音訓があるという言い方は、実をいうと正確な言い方ではありません。漢字にいくつもの音や訓、すなわち、「読み方」があるのではなく、「いくつもの言葉を一つの漢字で兼用している」のです。これは例を挙げて考えてみればわかることです。

日本語には昔から「あきない」「あきなう」という言葉があります。「あきない」は「売り買いすること」ですが、わたしたちはこれを「商い」と書いて「あきない」と読んだり書いたりします。そして「（問屋から）仕入れた商品を消費者に直接販売する仕事やその店」を「小売り商」といいます。この場合の「商い」は《商》ですし、「小売商」も《商》という漢字を使います。

熟語ではこの《商》に「人」や「店」や「品」などをつけて、どんな《商》なのか、「商」の意味を限定していきます。そして、商人・商店・商品となって、熟語・熟字といわれる二つ以上の漢字が結びついて一語となります。このように、漢字には「意味の限定性」があるのが特徴です。

また、「朝」という言葉があります。「朝食」「早朝」などの「朝」はモーニングの意味で使われますが、「王朝」「平安朝」などの場合は「天子が政治をするところ、その時代」の意味であって、先の「朝食」「早朝」における意味とは違います。

よく、ひらがながありカタカナがあり、その上に漢字もたくさんあるので、日本語の勉強はたいへんだといいます。とくに外国人は必ずいいます。確かに、日本語を書き表すときには「漢字とかなを交ぜて書く」ことになっていますが、こうした漢字の用法は、実は国語の簡易化・能率化に役立っているのです。このことは追い追い説明していきます。

読み書き共に出来るようにしたい一三五〇字

一般的に、わたしたち大人はどれくらいの漢字を知っていればよいのでしょう。この場合、文筆業に携わる人は別です。一般の人が一般的に読み書き共に出来るようにしておきたい字、それは、現在もこれからも、もっとも普遍的であること、すなわち、だれでも知っていなければならない、また、だれにも読めて、だれにも書けなければならない字ということになります。

とすると、それは日本語を主たる言葉として生活を営んでいこうとするものが、ぜひとも学習しなければならない字ということにもなります。そういう条件で、日本語の特性も考慮して考えれば、例えばの話、次のような条件を満足させることが必要だということになります。

❶日常の生活に直接に関係を持ち、親しみの深いもの

数字……一　二　三　四　百　千　万　億　兆　など
方位……東　西　南　北　など
季節……春　夏　秋　冬　など
行政……都　道　府　県　郡　市　区　町　村　など
人倫……父　母　親　子　兄　弟　姉　妹　夫　婦　など
衣食……衣　服　絹　綿　糸　飲　食　米　麦　穀　飯　粉　菜　茶　塩　酒　住　家
屋　居　室　庭　園　門　戸　柱　堂　店　宿　舎　など
徳目……仁　義　礼　知　信　忠　孝　節　誠　恩　愛　など
色彩……青　黄　赤　白　黒　緑　茶　など

植物……木　草　竹　花　葉　根　幹　芽など
動物……犬　牛　馬　鳥　魚　貝　虫　蚕など
鉱物……金　銀　銅　鉄　砂　石　炭など

❷熟語構成の力が強く、それが広い範囲に及んでいるもの

名……人名　氏名　県名　名誉　名物　名称　名義　名人　名代　名刺　名流　名声など
流……急流　清流　水流　一流　名流　上流　下流　流行　流域　流用　流産　流動など
在……在職　在位　在庫　在宅　在外　在留　近在　不在　所在　現在など
その他……最　極　細　要　不　用など

❸わかりやすい熟語の構成成分で、対照的意義を表すそれぞれのもの

因果　公私　左右　上下　主客　内外　自他　前後　損益　往復　加減　始終　収支
出入　生死　勝負　断続　損失　売買　貸借　進退　遠近　寒暑　強弱　曲直　軽重
高低　新古　多少　大小　長短　異同など

これは常用漢字の前身「当用漢字」の制定のさいに言われていたことですが、これらの字が書ければ日常生活における文字としては十分やっていけるのではないかということでした。その数、一三五〇字くらいだということのようでした。

こうして考えてみると、現在の常用漢字は一九五〇字足らずですから、常用漢字の読み書

きが出来るほどの知識があれば、文字の読み書き（日常生活）にはほとんど困らないという
ことになります。そのうちの一〇〇六字が小学校時代に習う、いわゆる「教育漢字」といわ
れるもので、一年生から六年生までに配当されているわけです。各学年の配当基準は、常用
漢字一九四五字の中から、

①社会的に使用度の高いものは先に出す

②児童の生活に関係の深いものは先に出す

③字画が基本的なものは先に出す

④覚えやすいものは先に出す

という考え方によって選ばれているということです。しかし、必ずしも、そうともいえな
い部分もありますが、教育漢字一〇〇六字を確実にマスターすれば、かなりの文章が書ける
ことは間違いありません。

第二章

漢字の構成を新しい視点でみる

日本の漢字・学校の漢字

青春だぁ――「十二月の三人の日」

何気なく見たり、書いたりしている漢字だとはいっても、漢字は、その文字を構成している偏《へん》や旁《つくり》の一部が、カタカナに似ていたり、ひらがなに見えたりするものがあります。また、「林」や「森」のように、漢字と漢字の組み合わせから出来ているものもあります。

突然ですが「なぞなぞ」です。

「十　二　月の　三　人の　日」はなぁんだ？

答えは「青春」

つまり、青春とは「十二月の　三人の日」なのです。

「十　二　月」が「青」であり、「三　人の　日」は「春」なのです。もし、わからなかったならば、もう一度、よく落ち着いて《青》と《春》を眺めてください。そして、正しい書き順で掌《てのひら》に、指で「十二月の　三人の日」と書いてみてください。唱えたとおりの書き順で組み立てていけば、必然的に《青》になり《春》になります。

《青》は「十」を書いて「二」を書いて、その下に「月」を書きます。ただし完全な「月」の形ではありませんが、書き順としてはその通りなのです。《春》も同じ、「三」を書いて「人」を書いて「日」を書くという順です。

「青」を構成している「十」や「二」や「月」は、それ自体が単独で通用する立派な文字ですが、「青」という字の中では「十」や「二」や「月」は「青」を構成する部品の一つでしかありません。

この見方は、文字の書き順指導として、わたしが考案した「口唱法」という方法の呼び名であり要素です（「口唱法」については、下村昇の漢字ワールド③『口唱法とその周辺』の中で詳しく述べます）。


頭休めの意味で、もう一つ問題を差し上げましょう。

［常用漢字の中に、それだけで一つの漢字なのですが、「人」が大小取り混ぜて五つ、そして「十」を一つ書く字があります。その漢字は何か、おわかりでしょうか――］

一つの漢字の中に「人」が五つもあるというのですから、かなり珍しい字ですね。

それは《傘》という字です。「人」が五つあるのが分かるでしょうか。屋根の部分が大きな「人」、その下の両側に二つずつで四つ、これが傘の骨、そして「十」が傘の柄に当たる部分です。

面白いでしょう。この解説を読みながら、あなたはどんな傘をイメージしましたか。こんな風に考えたら、あなたはもうこの「傘」という字を一生忘れないでしょう。こうして覚えれば、漢字は比較的簡単に、楽しく覚えられてしまいます。

カタカナばかりの組み合わせで出来た漢字

教育漢字の字数は一〇〇六文字ですが、その中にも、こうした見方で漢字の構成が見られる字がたくさんあります。さて、どんなものがあるでしょうか。その例をいくつか挙げてみましょう。

カタカナは漢字の一部をとってできたものだといいますから、漢字とはかなり近い姻戚関係にあるはずです。まず、カタカナだけの組み合わせによって出来た漢字を見てみましょう。

❖「タ」が一字で　なんになる？……………………夕べ
❖「イ　ヒ」とならべて　なんと読む？……………化
❖「イ　ニ」と書いたら　なんと読む？……………仁
❖「イ　ム」と書いて　なんと読む？………………仏
❖「ヒ　ヒ」と　ならべて　なんと読む？…………比
❖「タ　ロ」って　君のなに？………………………名
❖「ナ　ヌ」？　だれだ　そんなこというのは……友
❖古典の部類だけど　「ハ　ム」って　なんだっけ？……公
❖「ヌ　ヌ」だよ、ムムじゃないよ…………………双
❖カトちゃんじゃないよ、「カ　ロ」ちゃんだよ……加える

❖「エ　カ」って　なんになる？……………功
❖「タ　ト」と書いたら　なんになる？………外
❖「タ　タ」だったら　なんになる？…………多い
❖「ム　ロ」って　なんのこと？………………台
❖「イ　ニ　ム」と書いて　なんと読む？……伝
❖「ツ　ワ　カ」って　どんな字？……………労
❖「ナ　エ」「ナ　ロ」で　どんな字？　二文字だよ……左、右
❖「ノ　ツ　ワ　ヌ」って　どんな字？………受ける

漢字とひらがなの組み合わせで出来た漢字

次は漢字とひらがなを組み合わせた漢字ですが、さすがにこの組み合わせの漢字は多くありません。ひらがなが漢字の要素になりにくいからでしょう。範囲を広げて常用漢字外の字も探せばあるかもしれません。ここでは主として教育漢字から拾い出しています。

❖「く」が　三つに　「火」で　なんになる？……災
❖「く」が　三つに　「しんにょう」で　なんになる？……巡
❖「扌」（てへん）に　「く」が　三つで　「タベ」は　なに？……捗

❖「夂」（ふゆがしら）に　「こ」は　なんになる？……………冬

こんなのは簡単で面白くもないでしょうから、常用漢字外の字を一つ出題しましょう。

❖「く」が三つに「一」をつけた字、知っている？……………𡿧

サイ（巛）と一を合わせた字です。災の古文。巛は川、一は巛をふさいだ形。川がふさがれば水が氾濫して災厄をきたすという意味。後には巛と火を合わせて災と書きました。

漢字とカタカナの組み合わせで出来た漢字

漢字とカタカナとの組み合わせによる字は、かなりたくさんあります。クイズなど作るのには面白いのではないでしょうか。

❖「ノ」に　「夫」で　なんと読む？……………失う

❖「土　ソ　一　十」で　なんと読む？……………幸せ

❖「女」の　「ム　ロ」は　なんになる？……………始め

❖「ツ　ワ　子」さんは　どこに行く？……………学（校）

❖「子　ノ　糸」は　どんな人？……………孫

❖「土　ノ　ヒ」は　なんになる？……………老（人）

❖「土　ノ　子」は　なんになる？……………孝（行）

❖「ノ フ」の「人」って どんな人?……欠（陥人間）

❖「ン」が「欠」けたら なんになる?……次

❖「コ ノ 由」は なんになる?……届

❖「コ ノ 一 ム 土」は なんになる?……屋

❖「コ ノ 十《と》 口《くち》」は なんになる?……居

❖「ソ 王 ノ 目」は なんになる?……着

❖「一 ロ ソ 一 一 ノ 目 ハ」 なんだ?……頭

❖「米」に「大」きい「一 ノ 目 ハ」 なんだ?……類

❖「士 ロ ソ 一 口《くち》」は なんになる?……喜ぶ

❖「目 一 ハ」 なんになる?……具

❖「目 ハ」 なんだろう?……貝

❖アラッ、「雨 ヨ」って いったら なんになる?……雪

❖「ク ヨ 心」は なんだろう?……急

❖「ム 月 ヒ ヒ」は なんになる?……能

❖「マ 田 カ」って いわれても……勇ましい

❖「土 ハ 土 丸」の「力《ちから》」は なんになる?……勢い

❖「ソ 王」の「大《だい》」は なんになる?……美

❖「ソ　王」の　「我」は　なんになる?……………義
❖「ソ　王　ノ　エ」って　なんだろう?…………差
❖「コ　ノ　ソ　田　日」って　なんだろう?……層
❖「一　ロ　ソ　一」は　なんになる?……………豆
❖「糸」に　「ハ　ム　心」は　なんになる?………総

漢字・カタカナ・ひらがなのミックスから出来た漢字

漢字とひらがなの組み合わせが少なかったわけですから、漢字とカタカナとひらがなのミックスされた漢字がたくさんあるはずがありません。やっと見つけたのがこの三個でした。

❖おなじみ　「く　ノ　一」は　なんだろう?…………女
❖「く　ム」と続けて　「小」を書くと?……………糸
❖「扌」（てへん）に　「く」が三つで　かなの「タ」　なあに?………拶

漢字だけの組み合わせで出来た漢字

漢字と部首などとの組み合わせ字はたくさんあります。ここに書き出したら何ページも費やしてしまいます。それは文字の出来方（「六書《りくしょ》」の考え）からみて当然だと思います。さて、どんな字があるでしょうか。

❖「一　人」だったら　なんになる？……大
❖「二　人」というのは　どんな人？……夫
❖「次」の「女」は　なんになる？……姿
❖「谷」が「欠」けたら　どうなるか？……欲
❖「目」の上の「手」は　なんだろう？……看
❖「少」ない「目」は　なんになる？……省
❖おなじみ「立」ち「木」のよこで「見」る　人は？……親
❖「言」葉を「売」ると　買った人はどうする？……読む
❖「青」い「争」いって　うるさくないのかな？　やかましそう……静か
❖「各」（おのおの）の「足」って？……路
❖「少」し「止」めると　どうなるか？……歩く
❖「己」（おのれ）が「走」るには　まずどうする？……起きる
❖「立」つ「日」の「心」は　なんになる？……意
❖「今」の「心」は　なんになる？……念
❖「相」の「心」は　なんになる？……想う

❖「士」(さむらい)の「心」は なにになる?……志
❖「心」を「亡」くすと どうなるか?……忘れる
❖「女」の「又」には「力」ありって?……努
❖「君」の「羊」は なんになる?……群れ
❖鯨尺はあるけど「馬 尺」って あるのかね……駅
❖「羽」が「白」いうちは がんばらねば……習う
❖「羽」と「立」つで なんになる?……翌
❖「天」からきた「虫」って なんの虫?……蚕
❖「貝」を「分」けると どうなる?……貧
❖「日」から「生」まれたものはなに?……星
❖「山」と「石」で なんになる?……岩
❖「石」が「少」なく こればかり……砂
❖「石」と「皮」だと どうなるか?……破れる
❖「金」と「同」なら なんになる?……銅
❖「金」を「失」うと なんになる?……鉄
❖「糸」の「会」って なんだろう?……絵

漢字の概形とは

漢字の「概形」というのは、一つひとつの漢字の大まかな形のことです。と、書いたところで「アレッ」と思って、手元の国語辞典『明鏡』（大修館書店）を引いてみたら「外形」は「外から見た形や様子」とありましたが、「概形」が出ていません。

「アリャリャ、概形なんて、こんな言葉はないのかな」と思って気になって、もう一冊『現代国語例解辞典』（小学館）も引いてみました。やはりこれにも「外形」しかありません。不安になって、本立ての『大辞林』（三省堂）を取りに行き、開いてみました。すると「概形」という言葉も出ていました。「だいたいの形・おおよその形」となっていました。

やっぱり「概形」という言葉を使ってもいいのだなと安心して、ここでは「概形」という熟語を使いますが、「概」は「全体をならして欠けたところのないようにする」という意味を持つ字です。

要するに、ここで「概形」というのは、漢字の輪郭のでこぼこをないものと考えて、漢字の一字一字を大ざっぱにみる見方です。

一つひとつの漢字を眺めてみましょう。

漢字は「偏《へん》と旁《つくり》」とか「冠《かんむり》と脚《あし》」など、何かと何かがくっついて、出来ているものが多いようです。ところが、中には上下にも左右にも分けられない、分けようがないという字もないわけではありません。

漢数字の「一、四、五、七、九」などをどう分けますか。また、「風」はどう分けるのでしょうか。これまた、どうも、上下にも左右にも分けられそうもありません。「弓」はどうでしょう。「医」はどうでしょう。「出」や「田」や「目」はどうでしょう。こうした字は上下にも左右にも分けられない字です。

概形は三つ

このように考えてみると、漢字は概形的な見方として、次のように分けられそうです。
①「村・町」のように「左右に分けられる字」……（「左右型」とします）
②「集・箱」のように「上下に分けられる字」……（「上下型」とします）
③「牛・火」のように「上下にも左右にも分けられない字」……（「その他型」とします）
これ以上細かく分けることもできますが、細かく分類しても無意味です。

この三種類の「型」に従って一〇〇六字の教育漢字を分類してみると、次のような割り合いだということがわかりました。
①左右型の字……四六七字（四六・四％）
②上下型の字……三〇九字（三〇・七％）

③その他型の字……二三〇字（二二・九％）

この割り合いは教育漢字ばかりでなく、常用漢字全体でも大差ないと思います。

ここまで来ると、「では『右』や『金』などはどうなんだ」「気持ちの『気』や、原因という熟語の『原』や『因』はどうなんだ」という質問が返ってきそうです。そこで、この分類についてはもう少し説明しておきます。

❶左右型の字……例 域　校　活　行　現 など

この型に当てはまる漢字は、すべて偏と旁から構成されている文字ですから、分類し誤ることはありません。ただし、「進」や「遠近」などのように「しんにょう」のつく字は「左右型」とは考えません（「その他型」の項を見てください）。

❷上下型の字……例 英　空　雪　異　胃　音　早　裏 など

この型に当てはまる漢字は、冠と脚の組み合わせのものが代表ですが、ここに挙げた例でもわかるように「異　胃　音　早」などは、いわゆる部首といわれるものではなく、「異」は単独文字の「田」＋「共」の合わせ字だとみられます。

◆胃＝田＋月　◆音＝立＋日　◆早＝日＋十

これらは、二つの単独文字が合わさって出来ているとみることができます。

「裏」はどうでしょう。「裏」は《衣》という字を上下に割って、その間に「里」を入れたものですが、上部の「亠」は「てんいち」とか「けいさんかんむり」、または古い言い方で「なべぶた」とも言います。ですから、「裏」は「てんいち」と「里」と「衣の下部」との組み合わせとみることができます。こうした字には「亡」（亠＋乚）、「文」（亠＋乂）、「六」（亠＋八）、「市」（亠＋巾）、「方」（亠＋力）などがあります。これらも「上下型」の仲間とします。

「食」「祭」「益」「冬」などはどうでしょうか。これらの字も、よく眺めてみると、「上下型」に組み入れてよさそうに思えます。それで、こうした字を「ヒトヤネ型」（人屋根型）として「上下型」の仲間とします。

◆食＝𠆢＋良……今　会　合　金　命など

◆発＝癶＋死……登　祭など

◆挙＝𢀡＋手……益　養　券　蚕　奏など

◆冬＝夂＋こ……春　名　公　各　多など

❸その他型の字……例気　月　手　身　重　勉など

「その他型」は「上下」にも「左右」にも分けられない字ですから、その種類もたくさんあります。主な例を挙げますと、「勉」「進」のように「にょう」を持つもの、これは「その他型」とします。

（ア）えんにょう、しんにょうのつくもの……例遠　近　述　退　遊　延　勉などこれらは上下にも左右にも分けられないものとして「その他型」の仲間とします。

(イ)ノダレ型のもの

これは「ノ」が象の鼻のように前にたれている形です。この形のものには次のようなものがあります。

①ナ型……右　左　有　布　など

②コノ型……届　居　屋　属　層　展　など

③ヨナガ型……君

④小ノ型……省

⑤土ノ型……者　老　考　孝　など

⑥タレ型……圧　灰　反　原　庁　産　応　広　など

⑦ヤマイダレ型……病　痛　など

⑧白　自　血　向　良などは「その他型」の仲間とします。

ここで漢字の三つの概形の見方を練習してみましょう。

ただ分けるだけでは面白くもなんともありませんから、ここでちょっとクイズ形式の問題に挑戦していただきます。

そこから出てきた漢字を分類することにしましょう。

問題「口」に二画つけたして出来る漢字を、二〇個くらい見つけてください。

「口」に二画といっても戸惑うでしょうから、ヒントを差し上げましょう。

「口」に一画つけたせというと、すぐひらめくのが口の真ん中に一本入れて「日」を作ることでしょう。ほかにどんな漢字が考えられましたか。そう、「中」がありますね。「曰」(いわく)もあるという人もいるでしょうが、この場合「曰」(いわく)と「日」は同じとしておきましょう。そうした考え方で進めてみてください。

「口」に二画……目　田　由　甲　申などはすぐに思い浮かぶかも知れません。さあ、これで五個は出ました。あと一五字以上探せるでしょうか。挑戦です。

「口」に二画つけて出来る字。それは……

旧　叶　叩　叱　叫　加　叩　古　号　只　召　台　占

旦　兄　白　石　可　句　司　史　右　四　叺　叮　叭

などが出てきたことでしょう。「叺」は「かます」と読みます。「叮」は「丁寧」の「丁」の旧字です。本来は「丁寧」は「叮嚀」と書きました。「叭」は「ラッパ」の「パ」です。これらの字は常用漢字の中に入っていませんので、知らなくても仕方がないでしょう。

ほかにもありますが、いずれも常用漢字外の字でワープロのフォントにもないので出しませんでした。漢和辞典などで調べてみてください。総画索引で五画を探すと出てきます〈この問題は『大人のための漢字クイズ』（ＰＨＰ文庫）にも載せてあります〉。

さて、本論に戻ります。

今、抜き出したこれらの漢字を「左右型」「上下型」「その他型」の三つに分類していただきたいのです。分類すると、どうなるでしょうか。

①左右型………旧　叶　叩　叱　叫　加　叩　叺　叮　叭
②上下型………古　号　只　召　台　占　旦　兄
③その他型……石　可　句　司　史　右　囚　白

これであらまし、漢字の「三つの概形」は理解できたことと思います。

漢字の始筆と構成部品

話を進めます。漢字と限らずひらがなでもカタカナでもそうですが、文字には一定の書き順があります。ことに漢字では、上下型の字は「上から下へ」（上部から下部へ）、左右型の字は「左側から右側へ」（偏から旁へ）という決まりがあります。

そして、文字の書き始め（これを「始筆」ともいいます）も「上の点画から書く」「左右の点画から書く」のように決められています。「上」でしたら「たて　よこ　よこ」の順ですし、「下」でしたら「よこ　たて　てん」の順といった調子です。この「上」の第一画目の「たて」や、「下」の「よこ」を書き始め（始筆）というわけです。

このことをもう少し詳しく説明しましょう。

画数の少ない「山」を例にとります。

「山」は三画の字です。ですから1・2・3と三筆で書くことになります。しかし、よくみると、「山」は始筆の長い「たてぼう」と「かぎ」と、短い「たてぼう」との組み合わせです。これらの「たてぼう」や「かぎ」などを『山』を構成する部品」と呼びます。すると、ここで使われている部品は、長い、短いはともかくとして、「たてぼう」と「かぎ」の二つだとわかります。

「川」はどうでしょうか。

「川」は始筆の「ノ」が、少し立てた形の「ノ」になっていますから、カタカナの「ノ」とは傾きがちょっと違いますが、まあ、ともかく「ノ」とみてよいでしょう。ですから「ノ」と、長い、短いはともかく二本の「たてぼう」とから出来ています。すると、「川」の構成部品は「立てたノ」と「たてぼう」の二つだということになります。

今度は四画の字を見てみましょう。「不」はどうでしょうか。「不」は「よこぼう」と「ノ」と「たてぼう」と「てん」の組み合わせです。そして同じ四画の字でも「中」でしたら「たてぼう」と「かぎ」と「よこぼう」と長い「たてぼう」の四つの部品の組み合わせだということがわかります。そのうちで、長い、短いはともかく「たてぼう」はすべて「たてぼう」

だと考えるならば、「中」の構成部品は「たてぼう」と「かぎ」と「よこぼう」の三つだと見てよいことになります。

さて、ここまで「山」「川」「不」「中」と四つの漢字について「組み立てている部品」（構成部品）はどんなものだったかを見てきましたが、それらをまとめると次のようになります。

◆「たてぼう」を使っている漢字……山　川　不　中
◆「よこぼう」を使っている漢字……　　　　不　中
◆「ノ」を使っている漢字…………　　川　不
◆「かぎ」を使っている漢字…………山　　　　中
◆「てん」を使っている漢字………　　　　不

ここで「かぎ」と呼んだものを「山」の「㇗」と、「中」の「㇕」とに使っています。しかし、両者の【かぎ】は異なる形です。それなのに、同じ「かぎ」では、かぎの形がわかりません。「山」の方の「かぎ」は「たてまげ」といい、「中」の方の「かぎ」は「かぎ」ということにします。そうすれば「同」という字の二画目の「かぎ」部分は「かぎはね」であり、「力」の一画目の「かぎ」は「かぎ曲げ（うち）はね」となり、「乙」や「飛」の一画目の部分は、「かぎ曲げ（そと）はね」とすることが出来ます。

ひらがなでもカタカナでも始筆は四つ

ところで不思議なことに、漢字の数が五万あろうと五万五千あろうとも、この「始筆」（書き始め）は、たったの四種しかありません。うそではありません。

その四種類というのは、次のようなものです（カッコ内はひらがな・カタカナの例です）。

①よこぼう（一）から始まる……校 株 都など（あ さ・ア サ）

②たてぼう（丨）から始まる……時 門 以など（れ に・ト リ）

③ななめ（ノ）から始まる……何 科 錬など（く ぬ・イ ク）

④てん（丶）から始まる……海 話 畑など（う え・ウ シ）

これらの始筆も教育漢字一〇〇六字を分類してみると、次のような割り合いでした。

①よこぼう（一）から始まる字……三二二字（三二・〇％）

②たてぼう（丨）から始まる字……一四三字（一四・二％）

③ななめ（ノ）から始まる字……三〇六字（三〇・四％）

④てん（丶）から始まる字……二三五字（二三・四％）

漢字の書き始め（始筆）を知ったあなたは、漢字の始筆は「よこぼう」から始まる字か「たてぼう」から始まる字が多いだろうと思っていたのではないでしょうか。

ところが調べてみると、そうでもないのです。

確かに「よこぼう」(一)から始まる字は一番多いようですが、次は「ななめ」(ノ)から始まる字が多いのです。その次が「てん」(丶)から始まる字で、最も少ないのが「たてぼう」(丨)から始まる字なのです。

参考までに各学年の配当漢字のうち「左右型」の字で「たてぼう」から書き始める漢字を一覧にしてみましょう。
◆一年……小　水　町
◆二年……帰　時　晴　明　鳴　門　野　曜
◆三年……暗　駅　助　昭　帳　氷　味　路
◆四年……以　験　昨　唱　貯　敗　別
◆五年……眼　旧　財　状　則　略
◆六年……映　吸　劇　呼　収　将　暖　晩　臨
たった、これだけしかないのです。

第二章

こんな辞書があればいいのに！ 索引の問題点

日本の漢字・学校の漢字

辞典の索引はインデックス

漢字の概形は【上下型】【左右型】【その他型】の三つだということがわかり、さらに漢字の始筆は、

①よこぼう（一）から始まる字
②たてぼう（丨）から始まる字
③ななめ（ノ）から始まる字
④てん（丶）から始まる字

の四種類しかないということがわかりました。

ここまで考えが及ぶと、わたしの頭には漢字の「三つの概形」と「四つの始筆」の考え方を利用して、今までにない漢字の「索引作り」をしようという考えが芽生えてきます。従来の漢字の辞書などにない【索引】です。なぜ、こうした【索引】が必要なのかは、順次説明いたします。

未知の世界の扉を開いてくれるのが各種の辞典や事典です。知識のいっぱい詰まっている、それこそ知識の宝庫といってよいほどの辞典ですから、それらの使い方を学んで勉強が嫌いになるはずがありません。

ところが、現実はそうではないのです。小学生は四年生になると【辞典の使い方】を学び

ます。四年生になって漢字辞典の使い方を学習したとたんに、子供たちは漢字学習が嫌いになるというのです。話を聞いてみると、その原因はどうも索引にあるようです。

とりあえずあなたも、漢字の「部首」について、次の「問い」を考えてみてください。

(A) 次の漢字の部を答えてください。

①上　下　丘　はなんの部か（　　）

②両　並　与　はなんの部か（　　）

③同　吏　向　はなんの部か（　　）

答 ①、②は「一」の部　③は「口」の部

(B) 漢数字の「一」から「十」までの部首を答えてください。

かなり難しいので答を下に出してしまいます。

◆一……一の部（いちのぶ）　◆二……一の部（いちのぶ）

◆三……二の部（にのぶ）　◆四……口の部（くにがまえ）

◆五……二の部（にのぶ）　◆六……八の部（はちがしら）

◆七……一の部（いちのぶ）　◆八……八の部（はちがしら）

◆九……乙の部（おつにょう）　◆十……十の部（じゅうのぶ）

漢数字の部首が全部正解でしたか。「へえー、そうだったのか」と思われたのではないでしょうか。漢和辞典に載っている一二〇から一四〇ほどの部と、その部首の名前を知っている人などあまりいないでしょう。ましてや一つひとつの漢字がどの部に属するか、こんなことまで知っている人はいないと思いますし、また知る必要もないことです。それなのに、この漢字がどの部に属するかが分からないと、実際には部首索引は使えません。それほど大事な「索引」（インデックス）が、こんなことでよいはずがありません。

なぜ、今までだれ一人として「もっと使いやすい辞書を作って欲しい」とか、「もっと引きやすい索引はないのか」という声をあげなかったのでしょうか。

だれもがあきらめていたのでしょうか。

部首索引は使えない——従来の索引の不便さ

次の話は、わたしがオフィスで経験した実話です。

二人の母親が話し合っています。五年生の子供に毎日のように漢字の宿題が出ているというのです。

「それで？　どんな宿題なの」

「それがね、たいへんなのよ。熟語を調べられるだけ調べて書いていく宿題なの」

「あら、簡単じゃないの、辞典で調べてもいいんでしょ」

「それがね、簡単じゃないのよ。『央』のつく熟語って、いくつ知ってます？」

「『オウ』でしょ、中央の『央』でしょ？」

「そうよ」

「『中央』でしょう。それから……ええと……それから……」

「ほら、みなさい。出て来ないじゃないのよ」

「だから、辞書を見ればいいって、言ってるのよ」

少し感情的になってきたようです。しかし、片方は冷静です。

「そうよ、辞書を見ればいいのよ。でも、それが、子供の辞書に出てないのよ」

「お宅、そんなチャチな辞書、使わせてるの？」

「ばかにしないでよ。二〇〇〇円もする辞書を持たせてあるわよ」

「それなのに載ってないの！　変な辞書、買っちゃったわね」

無責任にも、あきれたとばかりの顔でいいます。売り言葉に買い言葉で、ご本人もむきになってきました。

「あら、いうじゃない？　じゃ、お宅の辞書、見せてほしいわ」

少し離れたデスクにいたわたしは、二人の会話にハラハラしながら、そっと、手元の漢和辞典を引いてみました。そして「なるほど」と思いました。

「央」の字には「中央」（真ん中・くぼんだしん）、「未央」（つきない・無窮である）、「央央」（中がくぼんで四方に広がる様・声のやわらぐ様）の三つしか出ていないのです。しかも「中央」以外は一般的には使いもしないし、見たことも聞いたこともない言葉です。これでは、子供の辞書に「央」のつく熟語が「中央」しか出ていないのも当たり前だと思いました。そして、熟語調べの宿題に「央」を入れた教師は、はたしてこの事実を知っているのだろうか、と思いました。

わたしは漢和辞典を二冊と子供用の学習辞典を本棚から運びました。そして、それらの辞書を使って、一緒に調べてみることを提案しました。

一人は一番上に積まれた漢和辞典を手に取りました。これは本格的な大人用の辞典です。彼女は表紙を開けてみました。表紙の裏には部首索引があります。そして部首が見開きで一画の「一」から順に一七画の「龠」まで並んでいます。その一覧表を一応眺めて困ってしまったようです。「央」の部がないのです。

「あら、どうやって引くの、これ？」

「央」を探すのに、どの部を見ればいいのか、わからないのです。「央」という字など、辞典で引いてみたこともなかったのでしょう。

「ねえ、ねえ、あなた、どうやって探してるの？」

「あたし、音訓索引よ」

「そうかあ、先生は？」

「わたしは、総画索引の五画で探しますよ」

「ふ～ん。（ちょっと間）ねえ、あった？」

「あったわよ、今見てるとこ」

「ふ～ん、あたしも音訓索引で探そっと……」

彼女は辞典の最後尾にある音訓索引を探しにいきました。

音訓索引を引いていた彼女も、内心ビクッとしてしまいました。ほんとに、部首索引で探すとしたら、何の部を見るんだろう……、口には出しませんでしたが、彼女も同じ疑問にぶつかっていたのです。

実は部首索引を使って「央」が簡単に引ける人はそんなにはいないと思います。

「央」を探すには「大」の部の二画を見ることになります。したがって、まず「央」が「大」の部だということを知っていなければなりません。彼女たちは「央」が「大」の部だということを知らなかったのです。ですから二人とも部首索引は使えませんでした。しかし、無理もないことだったのです。失礼なことをお聞きしますが、あなたは「興奮」の「奮」が何の部だか知っていますか？「白」が何の部だか知っていますか？そして「白」と同じ部の漢字が教育漢字に何字あるか知っていますか？

そんなことまで日常生活の中で知る必要はありません。知らなくてもふだんの生活には困りません。ですから、知らないからといって恥ずべきことでもないと思うのです(ちなみに「奮」は「大」の部、「臼」の部に含まれる字は、臼、的、皇、百の四字)。大事なのは知りたいときに調べる方法がわかっていることです。わかってさえいればいつでも調べられます。

書物の中に書かれている事柄や語句や漢字などを、容易に探し出せるようにするために設けてあるものが索引(インデックス)です。パソコンのマニュアル(手引き書・取り扱い[操作]説明書)を読むときに、索引(インデックス)を利用する人は多いと思います。とはいうものの、便利であるはずのこの索引(インデックス)の不具合を経験した人も数限りなくいるのではないでしょうか。

手引き書の作り手が、マニュアルはだいたい「不慣れな人が主として使う本」だという意識が少ないのでしょう。「はじめての」とか「だれにでも使える」などと銘打ったものもありますが、そうしたものを、どれほど満足して使っている人がいるでしょうか。〈パソコン使用の素人読者が使う〉という目的を忘れているのです。

読者にとって、よい索引、読者の身になって作った索引ならば、初心者のわたしたちが調べたいと思う大事なこと(要点)が、「速く、簡単に」何ページに出ているか探し出せるはずです。

ふつう事典類は事柄の五十音順に並べられていますが、漢字辞典・漢和辞典などには、総画索引・音訓索引・部首索引などと呼ばれる索引がついています。一冊の本の中にこれだけの索引が載せてあるから、どれかで引いてくれるだろうというのが、編著者の狙いなのでしょうが、それでも子供には使えないというのですから、困ってしまいます。困るどころか、辞典を使うことになったがために勉強がいやになってしまうというのですから、困ったものです。

辞書の索引は子供には不親切

「総画索引」とはいっても、辞書によっていろいろな並べ方のものがあります。例えば、探そうとする漢字〈親字〉といいます）が、その画数のまとまりの中で、漢字の読みによって、五十音順に並べてあるものもあり、また、同じ画数の字が部首の配列順に並んでいるものもあります。こうした索引では「央」を例にとれば「央」は総画が五画なので、一五〇字くらいある五画の字の中から「大」の部を探し、その中から「央」を探すことになるわけで、ずっと探していって「夕」の部の次を見ることになります。ですから、五画の字の中でも、「央」は真ん中あたりで見つかるということになるのではないかと思います。

実際に総画索引で「央」を探してみればわかると思いますが、頭の方から見ていった方が早いのか、後ろから見ていったら早く見つかるのか、あるいは横に見ていくといいのかなど、判断はつかないものです。更に、この索引を使うには、前提として「しんにょう」は三画、「弟」ならば七画だというように、漢字の部首および画数が的確に数えられなければなりません。そうでないと速く見つけ出すことが出来ません。

「音訓索引」は、すべての字が読みの音訓によって、五十音順に並べてあります。音訓索引を使うには、なんといっても探そうとする漢字が読めなくてはなりません。「央」を「オウ」と読み、訓読みはないということがわかっていることが前提です。

子供の場合、その字をなんと読むのかわからない、意味よりもその字の読みを知りたいからこそ辞書を引く、という使い方が多いわけですが、肝心のその漢字の読みがわからないと音訓索引は使えません。そこで子供はどうするか？「お母さん、この字なんて読むの？」と聞きにきます。「オウよ」「ああ、そうか」これで終わりです。読みがわかれば、もう辞書を引く必要はありませんから、辞書を手放してしまいます。

漢字の読み方を知らない子供にとっては、この音訓索引は致命的な欠点です。電子辞書などもこの部類です。

最後に**「部首索引」**ですが、これは、それぞれの漢字の所属する部首によって分類されています。その漢字が何という部首に所属するのかということがわかっていないと調べられません。

「相」は木の部なのか、目の部なのか、「和」は「禾」の部なのか「口」の部なのかといったことがわかっていないと引けないわけです。現に先のお母さんたちは「央」の部首が何なのか知らなかったために、部首索引は使えませんでした。

また、ここでちょっとお遊びになりますが、次の問題にトライしてみてください。

【心】という字は、一つの漢字のあっちについたり、こっちについたり、他の部品に気がひかれ、いろいろな漢字と関係をもつようです。ちっとも落ち着いていません。そして、あちらに色目を使い、こちらに色目を使い、下につけば「したごころ」になり、偏につけば「りっしんべん」になるといった具合です。そういう漢字を思い出してください。

次の①から⑤に当てはまる漢字を書き抜いてみましょう。

①漢字の下に「こころ」がついた字…………悪　意　など
②漢字の偏に「こころ」がついた字…………情　忙　など
③漢字の旁に「こころ」がついた字…………恥　沁　など
④漢字の中ほどに「こころ」がついた字……憂　慶　など
⑤一つの漢字に「こころ」が二つついた字…惚　憶　など

これらの漢字は《心》がどこかについていますから、すべて「こころ」の部の字だということが出来るのでしょうか。

「心」と「亡」とで心を亡くして《忘れる》、「刃」の下に「心」を隠して《忍》、「心」が二つもついた《惚れる》、《憂える》にも《愛》にも、真ん中の心臓部に「心」がついています。

常用漢字の枠を飛び越えた漢字にまで範囲を広げれば、もっといろいろな【心】が発見されることでしょう。花の雄蕊《おしべ》や雌蘂《めしべ》の「蕊」や「蘂」には「心」が三つもついています。

部首はふつう、二一四あります。そして、これまた画数の小さい順に並んでいます。親字は同じ部首の中でも画数の少ない順に並んでいます。そのため、たいがいの辞書が、まず「一」の部の一画「一」から始まり、「一」の次に「七」がきて「丁」がきて、「下」になるといった並び方になります。

中国で最初に漢字をグループ分けした本は『説文解字《せつもんかいじ》』という字書《じしょ》でした。二〇〇〇年も前の漢代のものです（西暦一〇〇年に完成したといわれています）。「説文解字」というのは読んで字のごとく「文を説き、字を解く」というのですから、文や字を説解するという意味です。「説解」というのは字の通りの言い方で、日本語の「解説」のことです。「文」や「字」を解説したものというわけです（「文」や「字」については、後の「『部』とは、『首』とは、なに？」

六二ページ参照)。

現在の二一四の部というのは中国・明代に作られた『字彙《じい》』(梅膺祚《ばいようそ》編・一六一五年)という本が、もとになっています。『説文解字』(五四〇部)などの分け方に比べて、この『字彙』の分け方は非常に便利だったので、以後、辞書はこの『字彙』の分け方によって作られるようになりました。日本の漢和辞典の分け方もこれによったものです。

ところがこの部首の名の呼び方が、多くの人には馴染みが薄いというのも事実です。例えば「踈」の左側をなに偏というでしょうか。そして、それは、どんな字に使われているのでしょうか。

「踈」は「⻊」の字を偏にしたものなので「ひきへん」といい、「踈《そ》」や「疏《そ》」などという字に使われています。漢字をじっくり眺めてみると、このように知らない部首がいろいろあるものです。ふだんの生活の中で、意識的に部首などというものを使う必要性がないからです。

さて、子供の使う辞書には、ほとんど巻頭か、巻末に「部首索引」「総画索引」「音訓索引」という三種の索引がついています。そして、「漢字の探し方」として、部首がわかっているときは「部首索引」で、読み方がわかっているときは「音訓索引」で、読みも部首もわからないときは「総画索引」で探しなさい、と書いてあります。

先にも触れたように、子供にとっての辞書用途は言葉の「意味」を調べるということより

「読み」がわからないから辞書に当たる、ということが多いものです。そうしたことを作り手は知っています。本当は部首索引で引かせたいけれども、「部首引き」は難しいだろうということを予測しているのです。そんな場合は総画索引で引きなさい……ということなのでしょうか。

では、総画数が何画かがわからないときはどうするのでしょうか。そんな子供がいるはずがないとでもいうのでしょうか。さも、親切そうな案内ですが、無責任です。

試しに、次の字は何画でしょう。あなたも数えてみてください。

乏　収　批　臣　近　級　延　扱　御　極

（4　4　7　7　7　9　7　6　11　12）

わたしたち大人は、辞書を使うという場合、何の目的で辞書を引くのでしょうか。

①その字の（あるいは熟語の）読みを知るために調べたい。
②その字の（あるいは熟語の）意味を知るために調べたい。
③その字を含む熟語（言葉）を探すために調べたい。
④不確かな字体を確かめるために調べたい。
⑤その字の書き順を知るために調べたい。

ということになるのではないでしょうか。

「わからないから引く」「知らないから引く」というのが、一般的な辞書を繰る動機なのです。その手段として、索引を手がかりにするというわけです。そうならば、探し出そうとする字が、できるだけ、「自力で」「速く」「簡単に」探し出せることが大事です。

そうした意味で、従来のこれら三種の索引というのはどうなのでしょう。辞書を使う人にとって、優しい（または、易しい）索引といえるのでしょうか。

現に「和」を引こうとした子が、「禾」の部の「のぎへん」の項を探しても「和」がないとか、「街」を引こうとして「彳」の部を見ても見つからなくて探しようがなかったとか、こんなことが多いので漢字嫌いになった、勉強が好きでなくなった、という例もあります。この子にとっては「街」が「彳」の部ではなく、「行」の部に属する字だということを知らなかったための不幸だったわけです。しかし、こうしたことは笑い事では済まされません。

あなたは「愛」を引くとき、どの部を見ますか。「爪（爫）」でしょうか。「冖」（ベキ・わかんむり）でしょうか。それとも「心」でしょうか。あるいは「夂」の部でしょうか……。

部首についてのかなりの知識がないと、部首別の索引は使いこなせません。ですから、「愛」がなんの部に属する漢字か知らなくても、ちっとも不思議には思いませんし、恥ずかしいと思うこともないでしょう。また、知っているからといって威張ることでもないでしょう。知らないのが普通の人だと思います（実は「愛」は「心」の部の九画です）。

現今は外国人や幼児まで、日本語、漢字を勉強するようになりました。先日もブエノスアイレスの大学院で教鞭を執っている先生が、日本語教育の研修で来日され、「口唱法」での漢字指導を知りたいと、わたしの研究所を訪ねてきました。外国でも、漢字学習は盛んに行われているのです。

幼児はともかくとして、現在日本で生活している外国人が何人いるのでしょうか。二〇〇二（平成一四）年六月一日現在、わたしのオフィスのある、この東京・豊島区に住む外国人が一万四〇〇〇人弱というのですが、こうした外国人が日本語の勉強のために漢字辞典を引こうとする場合、これらの索引はとても扱いにくいようです。

当研究所に出入りしている、インドネシア人のイドリスノさんは、すでに日本に二〇年近くも住んでいて、東京で三つもの大学の講師と、外務省の外交官の外国語研修の講師をしていますが、この人でさえ、漢和辞典を引くのが苦手だと、ぼやいています。

「部」とは、「首」とは、なに？

五万から五万五千字もあるという漢字は、いくつかの「部」と呼ばれるグループに分けられています。これから、その「部」について考えてみようと思いますが、まずは「文字」

(漢字)という言葉について考えてみましょう。

わたしたちは文字と漢字を同義語のように使っています。「文字」とはいったいなんでしょうか。日本では漢字のほかにひらがなやカタカナもありますから、こうしたものも含めて「文字」といっています。中国にはひらがなやカタカナはありません。「文字」といったら漢字のことです。

ご承知のように、漢字には「象形《しょうけい》」「指事《しじ》」「会意《かいい》」「形声《けいせい》」という四つの造字法がありま す。「文字」の **「文」** というのは、「日、月、川」などのような象形文字や、「上、下、本」のような指事文字のことです。そして **「字」** というのは、「ウかんむり」と「子」との組み合わせのような字。すなわち、子供が次から次へと生まれ、どんどん増えていくといったような考え方で作られた字です。「文」と「文」を合わせて新しい字を作る、そのようにして出来た字のことです。

例えば、「木」や「几」(つくえ)という象形文字が生まれると、その「木」と「几」を合体させて「木で作ったツクエ」という気持ちで「机」という新しい字を作るとか、「受」一字で「受け渡し」両方の意味をまかなっていたものを、その「受」に「扌」(手・てへん)をつけて、新たに同音の「授」という字を作り、こちらは「受け渡し」の「渡し」の意味専属に使うというようにして文字が増えたわけです。

こうして出来た形声文字や会意文字などを「字」というわけです。今でいう一般的な文字のことです。

五万も五万五千もの文字があるといいますが、それを、関連のあるものどうし、種類ごとに分けたのが「部」といわれるものです。

次に「部首」ですが、その説明が辞書によっていろいろで、あまり定かでありません。「部の最初の字」が部首だという説明（『漢字源』学習研究社）もあれば、「漢字配列の目安となる漢字の各部の共通部分」（『大辞林』三省堂）」とか、「漢字を字形上から分類したとき、その構成の基本となる字形」（『明鏡』大修館書店）という説明もあります。

「部首」の説明がこれでいいのかどうかはともかくとして、「部の最初の字」が部首だという説明はそれなりにわかりやすいと思います。これに従って「部の最初の字」を見てみましょう。

「木の部」でいえば「木」の部の最初の字は「木」、次いで「札　朮　本　末　未　机　朽…」のように並びます。「水の部」でしたら「水」から始まり「永　氷　汞　沓　泉…」となります。また「日の部」でしたら、最初の字は「日」、次いで「旧　旦　旭　旨　旬　早…」と並びます。これらの部の「部首」は、それぞれ「木」であり「水」であり「日」だというわけです。

現在、日本で使われている漢和辞典の「部」は、前述の中国・明代の『字彙《じい》』の流れを汲んだ、中国・清の康熙帝《こうき》の時代（一七一六年）に作られた『康熙字典《こうきじてん》』の二一四部首をもとにして作られています。しかし、『字彙』は漢字の部首を画数順に並べ、さらに同じ部首の中の漢字も画数順に並べた初めての字書ですから、部首のもとは『康熙字典』というよりも、『字彙』の著者の梅膺祚《ばいようそ》が決めたものと考えてよいと思います。

各ご家庭に古くからあった漢和辞典の「部首」は、どんなふうになっているでしょうか。部首は画数の小さい順番に並んでいます。同じ画数の中での並べ方には規則性がありません。一画で言えば「丨 一 丶 ノ 乙 亅」のように並んでいますが、この順番も『康熙字典』の順序を踏襲しています。そして、「口 囗《くにがまえ》 土 士 夂 夊 夕…」（三画の部）のように、似たような部首は並べていれてあります。「口」と「囗《くにがまえ》」、「土」と「士」、「夂」と「夊」と「夕」などは画数が同じで形が似ています。「人 儿 入 八」、「刀 力 勹」、「日 曰 月」、「支 攴 文」、「父 爻」、「用 田」、「赤 走 足」なども同じです。このように、形の似た部首は並べられています。

今わたしたちが使っている、現在の辞典の部首の例も見てみましょう。

『学研漢和大辞典』（藤堂明保編／学習研究社）によると、

（イ）『康熙字典』に準じた部首の順による。ただし、「その漢字の成り立ちから判断して、他の部首のところに移動させた場合もある」としています。

（ロ）同一の部首の中では部首を除いた部分の画数の順。同一画数の中では、一般的な漢字音の五十音の順となっていて、これも『字彙』や『康熙字典』の流れを組んだものになっています。

こうしたことを頭に入れて使っているのが大人ですが、それでも漢和辞典を引くのは面倒だ、という人はたくさんいます。大人でさえそうですから、なおのこと、小学生ではそのために漢字の学習が嫌いになるというのは無理もないと思います。

そんなことよりも、漢字の辞典もこれだけ数が多く、出版社もたくさんあるのに、なぜもっと簡単で早く引ける索引が出てこないのでしょうか。この日本では、ある会社が新製品を開発すると、すぐ何社かが真似するというのが現状です。携帯電話にして然り、デジタルカメラにして然り、独創性というものが見られず、恥ずかしくもないのか、と思うほどです。

書名でもそうです。ある出版社が「練習帳」というネーミングの本を出版すると、すぐにそれにあやかってか、「○○練習帳」というネーミングや、似た内容のものが書店に並びます。最近では「声に出す」「声に出して読みたい……」が、書棚を飾ったことは記憶に新しいことだと思います。

そうした日本ですから、漢字の辞書にとっても同じような状況がみられます。「文字の大きい」とか「大きな活字の」とか「サラリーマンのための」、あるいは「用例がナウい」などというアピールをして売り出している辞典類がいろいろ並んでいました。しかし、それらの辞典の命ともいうべき索引だけは旧態依然としてどこも同じ、変わりがありません。

今、わたしのパソコンサイドには三冊の辞書があります。一九五九年四月刊、一九八八年刊、二〇〇二年刊のものですが、この三冊とも同じような索引です。

なぜ、各社とも『字彙』や『康熙字典』にしがみついているのでしょうか。

「索引」は部首の分類表ではありません。ましてや、常用漢字ですら、部首が確定しているわけでも、法令で決められているわけでもありません。現に国（文科省・国立国語研究所）では、「秋」を「火の部」としても「禾の部」としてもかまわないとしています。

索引が漢字の分類表でなく、文字通り、索引・インデックスであるならば、調べようとする漢字がどこにあるか、できるだけ早く、簡単に見つけられなければ、索引・インデックスの意味がありません。

それなのに、大手出版社をはじめ各社、辞典を出版している会社や編著者たちは部首索引が不便なことを知りながら（あるいは、不便なことに気付かないまま）、その不便な部首索引から脱却できないのです。安易に旧来のものをまねするだけで、利用者の立場で、利便を優先的に考えないからではないでしょうか。「索引の役割とは何か」を考えてみようとしなかったからではないでしょうか。

わかりやすく使いやすい索引を作る

そこでわたしは、もっとわかりやすい索引を作ろうと思い立ちました。成功すれば、小学生でも、漢字を学ぼうとする外国人でも、はたまた漢字と離れられない日本人すべての人にとって便利に利用してもらえるようになるのではなかろうかと思います。

わたしは、「部首索引」とか「部首名一覧」などというからには、それぞれの漢字が「部」に分けられ、その部の中が更に「首」にまとめられていると考えたらどうかと思います。

漢字を字形で分けると、「にんべんに山」で「仙」とか、「いとへんに泉」で「線」とか、何かに何かが加わって一つの字が出来ているものが多い、ということは形声文字（会意形声）が多いということです。文字には部分、部分の呼び名が、偏《へん》 旁《つくり》 冠《かんむり》 垂《たれ》 脚《あし》 遶《にょう》 構《かまえ》などとついていることは知っての通りです。

次の①②③にグループに分けした、二四個の漢字を見てください。

①明　時　晴　春　暮　星　景　是……すべてどこかに「日」がついている
②林　村　校　板　柱　根　橋　格……すべて「木へん」がついている
③家　室　安　守　実　定　客　宮……すべて「ウかんむり」がついている

多くの漢字の中から共通部分を持っているものをまとめて漢字を分類したとき、そのまとまったグループ（漢字群）を「部」とします。そうすると①は「日」の部、②は「木」の部、③は「ウかんむり」の部ということになります。③の場合は「ウかんむり」の部というより、「いえ」の部とか「やね」の部というべきでしょう。「木」の部の字は木に関係のあるものが多いし、「日」の部の字は日とか季節とか時などに関係のあるものが多いのは当然です。

「首」はどう考えるといいのでしょうか。「日の部」の字を例に見てみましょう。「日の部」の八個の漢字は、さらに三つのグループに分けられます。

◆明　時　晴は、「日へん」の字
◆春　暮は、「日」が下についている
◆星　景　是は、「日」が上についている

「木の部」の漢字でも、一つの漢字に「木」が上についたもの、下についたものなどに分けることができます。

◆木が左についた字の例↓村
◆木が右についた字の例↓林
◆木が上についた字の例↓査
◆木が下についた字の例↓染

この四つの字でいうと、木がどの部分についているかによって、次のように分けられ、それぞれの呼び名もついています。

左右に分けたとき
- 左を（木）へん
- 右を（木）づくり

上下に分けたとき
- 上を（木）かんむり
- 下を（木）あし

このような分け方をしていくと、漢字は大きく「上下に分けられる字」「左右に分けられる字」「上下にも左右にも分けられない字」と三つのタイプに分けられることがわかります。

そこで、漢字は、次のようにまとめることができます。

部 日の部
- 首 日……………例 日（「日」そのもの）
- 首 日かんむり……例 早 星 昇など（「日」が上につく）
- 首 日あし…………例 昔 音 普など（「日」が下につく）
- 首 日へん…………例 明 晴 昭など（「日」が左につく）
- 首 日づくり………例 旧（「日」が右につく）

部 木の部

首 木……………例 木　本　未など（「木」そのもの）
首 木かんむり……例 査　李　杏など（「木」が上につく）
首 木あし………例 条　案　架など（「木」が下につく）
首 木へん………例 村　松　杉など（「木」が左につく）
首 木づくり……例 林（「木」が右につく）

索引にはこんな工夫を

少し寄り道をしてしまいましたが、『字彙』以来の部首にたよった索引を使って早く引くことは困難なことがわかりました。そこで考えたのが次のようなものです。

漢字には、二つの大きな特徴があることは説明しました。

その一つは「概形」。

もう一つは、文字の「始筆」、第一筆目をどれから書くかということでした。

この二つの特徴を利用して索引を作るのです。ここでもう一度、二つの特徴を復習しておきましょう。

次のページを見てください。

まず「概形」ですが、漢字の概形は、次の三つのどれかに当てはまります。

①左右型 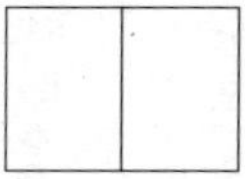 ヘンとツクリの組み合わせ……知　域　行　活　現　格など

②上下型 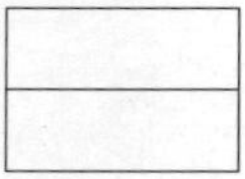 カンムリとアシの組み合わせ……英　雪　異　音　早　裏など

「上下型」には、次のようなものも含みます。

◆ヒトヤネ型（𠆢）のもの

（ア）今　会　合　食　金　命など

（イ）祭　発　登など

（ウ）挙　益　養　券など

（エ）春　冬　蚕　奏など

◆テンイチ型（亠）のもの……衣　亡　文　六　市　方など

③その他型 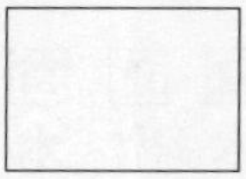 左右にも上下にも分けにくいもの……気　月　手　身　重　勉など

「その他型」には、次のようなものも含みます。
◆シンニョウ（⻌）、エンニョウ（⻏）のつくもの……近　遠　述　退　遊　延　勉など
◆ノダレ型のもの
（ア）ナ型（カナのナ）………右　左　有　布など
（イ）尸型（シカバネ）………届　居　屋　属　展など
（ウ）ヨ型（ヨナガノ）………君
（エ）少型（ショウ）…………省
（オ）耂型（オイガシラ）……者　老　考　孝など
（カ）厂型（ガンダレ）………圧　灰　反　原　厚
（キ）广型（マダレ）…………庁　座　応　店　広など
（ク）疒型（ヤマイダレ）……痛　病など
（ケ）その他……………………白　自　向　血　良など

さて、この考えに従って、索引を作ってみましょう。すべての漢字を、「何型」の「なに」から書き始めるかという観点で分類します。その分類パターンは、次の一二に分類されます。
1「左右型」……（よこ・一）（たてぼう・｜）（ななめ・ノ）（てん・丶）の四つ
2「上下型」……（よこ・一）（たてぼう・｜）（ななめ・ノ）（てん・丶）の四つ

[3]「その他型」…（よこ・一）（たてぼう・丨）（ななめ・ノ）（てん・丶）の四つ

【[2] 上下型の場合】の例

◆「上下型」の漢字「青」の場合……「よこ」（一）から、
◆「上下型」の漢字「貝」の場合……「たてぼう」（丨）から、
◆「上下型」の漢字「泉」の場合……「ななめ」（ノ）から、
◆「上下型」の漢字「文」の場合……「てん」（丶）から

こうして分類した漢字を、各グループごとに、五十音順に並べていきます。教育漢字一〇〇六字の中から「山」を探すのはたいへんですが、一〇〇六字を型で三分し、三つに分けたうちのどれかのグループの中から探すのでしたら、かなり楽になります。一〇〇六字でしたら、単純に考えただけでも、三三〇字ほどの中から探せばよいということになります。

もし、「山」を探すのでしたら、「山」は「上下型」でも「左右型」でもなく、**[3]「その他型」の「たてぼう」（丨）**だということがわかればいいわけです。そうすれば、[3]「その他型」の「たてぼう」（丨）のグループの中だけを探せばよいのです。これまた単純に考えると、三三〇字ほどの中の「その他型」のうちの「たてぼう」八〇字の中にあるはずです。

これをさらに、学年ごとに分けておけば、検索は、なお簡単になります。実際問題として、このタイプの一年生の配当漢字は、「山」のほかに、「円」「口」「四」「田」「虫」など、一一文字しかありません（左の表の〈一年生〉を見てください）。この一一文字の中から「山」を見つけだすのに、大した手間はいりません。実際には「その他型」の「たてぼう」に分類される字は、教育漢字一〇〇六字のうち、左の表のように五〇文字です。

こうした配列の索引を作ればいいわけです。そうして次のように並べておくのです（当然、索引ですから、各漢字の下にページ数を入れておきます）。

《3「その他型」の「たてぼう」（丨）》に含まれる字

◆**一年生**……円 口 山 四 出 上 中 虫 田 日 目

◆**二年生**……園 回 間 国 止 少 図 長 同 内 肉 馬 聞 里

◆**三年生**……皿 運 央 開 業 曲 申 題 問 由

◆**四年生**……囲 果 関 固 史 臣 省

◆**五年生**……因 過 団

◆**六年生**……遺 閣 困 冊 閉

これが、教育漢字一〇〇六字の中から学年別に抜き出した「その他型」の「たてぼう」（丨）に含まれる字、五〇文字です。ここで、一年生の子供になったつもりで、「山」という漢字を探してみましょう。声を出して次のように【　】内の言葉を唱えます。

❶まず概形を調べます。【概形は何か】…「左右型か、上下型か」

調べようとする漢字の「概形を見る」ということ、いいかえると「漢字を図形としてみる」ことを、しっかりと頭に入れておくことが必要です。その漢字が先の概形の1「左右型」、2「上下型」、3「その他型」の、どの型かを見ることが大事なのです。

【概形は何か】…「左右型か、上下型か」――が唱える言葉です。

なぜ「左右型か、上下型か」と、唱えるのかというと、漢字の四六・四％は「1型」、すなわち、「左右型」です。そして三〇・七％が「上下型」です。この「左右型」と「上下型」を合わせると漢字全体の四分の三になります。

こうした漢字の持つ大きな特長を生かして、調べようとする漢字をとりあえず「左右型か、上下型か」と分類してみるわけです。「左右型」でも「上下型」でもなければ「その他型」(二三・九％)の中にあることが確定ですから、「左右型」と「上下型」の漢字は手をつける必要がないことになります。

《山》は「左右型」でも「上下型」でもありません。そこで、次の作業に進みます。

❷次に始筆を調べます。【始筆は何か】…「(一)か、(丨)か、(ノ)か、(丶)か」

「山」は、真ん中の「たてぼう」から書き始めます。ですから、「たてぼう」(丨)から始まる字だということがわかります。もし、仮に「山」の書き順を、たてぼうを三本書いてから底を閉じる書き順だと思いこんでいる子がいたとしても、あるいは、大きな」↓凵↓山の順だと思い込んでいる子がいたとしても、この字の場合、「その他型」の「たてぼう」から始まる字だという条件は変わりません。

さあここで、《山》の始筆は「たてぼう」(丨)だとわかりました。

❸最後に、索引を開きます。…**「その他型」の、「たてぼう」の、「一年生」**という三条件

《山》は、検索のための条件として、

①字形が3「その他型」で、

②始筆が2「たてぼう」(丨)で、

③「一年生で習う字」ということがわかりました。

ですから、索引の「その他型」の「たて」から始まる字の部分を開けてみます。すると索引の「その他型」の「たてぼう」の「一年生」のところには、次のように並んでいます。

◆**一年**

円　エン……745　口　コウ……187　山　サン……871

四　シ………1179　出　シュツ…631　上　ジョウ…1200　(以下五文字、省略)

これで「山」は、すぐ見つけだすことができ、八七一ページを開ければよいとわかります。

先にも述べたように、「山」という漢字が、予備知識として――

◆総画数が、「四画ではなくて、三画」だとわからなくても、
◆部首が、「岩」「岸」「島」などと同じように、「山の部」だと知らなくても、
◆読み方が、なんと読むのか、「山」の読み方を知らなくても——
比較的簡単に探し出すことが出来ます。

この索引のよさは、第一段階で「漢字を図形として見る」というところに工夫があります。漢字を知らない外国人でも、幼児でも、「左右型」か、「上下型」か、「それ以外（その他型）」か、という見極めは、容易にできるのです。

この索引（「早繰り索引」商標登録）を使用するには、**【概形はなにか】【始筆はなにか】**と口ずさみながら探すことが必要です。このコツさえ覚えれば、幼児であろうと外国人であろうと、部首を知らなくても、読みを知らなくても、総画数が数えられなくても、調べようとする漢字が速く自力で探し出せるわけです。

こういうと、「書き順がでたらめな人」は〈始筆がわからない〉のではないか、書き順のでたらめな人でも始筆がどれなのか、わかるのかという人がいそうです。しかし、ひらがなやカタカナを学んだ程度の知識を持つ人なら、突拍子もないところから書き始めるということはありません。そうした考え方が前提になっています。

この索引の考え方は、概形についても、始筆についても、間違えそうな字については、そ

れぞれの索引の概形のところにダブらせて入れておいてやるのです。

どういうことかというと、例えば、一年生の配当漢字に「左」や「右」という字がありますが、この「左」や「右」は、上下にも左右にも分けられない字（「その他型」）です。けれども一年生の中には、「左」は「ナ」と「エ」の上下型、「右」は「ナ」と「ロ」の上下型だと思い違いをする子がいます。

「左」や「右」は概形の分類を間違えやすい字だということがわかっているのですから、分類上は「その他型」であっても、「左」は「上下型」の「よこぼう」の中にも入れておいてやるのです。同じように「右」は、「その他型」の「よこぼう」にも、「ななめ」の部にも入れておきます。

再度いいますが、漢字の索引は、あくまでも「インデックス」であり、漢字の分類一覧表ではありません。三画の画数を持つ字がいくつあるか、四画の字がいくつあるかを示す字画表でもありませんし、書き順の分類表でもありません。「右」や「左」という字が、索引の中の「よこぼう」から始まる字の仲間の中にもあり、「ななめ」から始まる字の仲間の中にあっても、ちっとも悪いことはありません。むしろ、〈そう見誤るだろう〉というところには、意図的・意識的に入れておいてやる親切さが欲しいものです。

索引の使命は「速く」「簡単に」「確実に」探そうとする漢字が、何ページにあるのかが「わかり」、その該当ページを「速やかに開ける」ことが出来ることなのですから……。

第四章

日本の漢字＝熟語と意味の関係

熟語の意味と読みの面白い関係

ある日、こんな話を持ってきた母親がいました。

「子供に宿題が出たんです。《画》という字のつく熟語を調べて、意味ごとに分けてまとめてくるように……って。ところが、これがやってみたらとても難しいんです」

こう言って見せてくれたメモ用紙には、次のように書いてありました。

①えがく、絵をかく……………画家
②絵、かかれたもの、映像など…絵画　映画
③くぎる、線を引く……………区画
④はかる、はかりごと…………計画
⑤漢字を組み立てる点や線………画数

わたしも、手元の小学漢字辞典で「画」が熟語の上下についているものを、ざっと抜き出してみました。

画数　画然　画商　画期的　画伯　画風　画面　画用紙　画竜点睛　映画　絵画　企画
計画　字画　図画　点画　日本画　版画　壁画　漫画　名画　洋画　画家　区画

二四個の熟語が出てきました。この二四個を一つずつ意味の上から五つの分類に振り分けてもらいました。四苦八苦しながら振り分けたものが、以下の通りです。

❶えがく、絵をかく……………画家　画商　画伯　画風　画面　画用紙　図画　点画
画竜点睛
❷絵、かかれたもの、映像など……映画　絵画　日本画　版画　壁画　名画　洋画　漫画
❸くぎる、線を引く………………区画　画然　画期的
❹はかる、はかりごと……………計画　企画
❺漢字を組み立てる点や線…………画数　字画

彼女とわたしとで、考えの分かれたものがありました。
①えがく、絵をかくの仲間に…「点画」を入れる…これでよいのか。
②絵、かかれたもの、映像の仲間に…「点画」を入れる…こっちにするのか。
また、「点画」を「てんが」（点の集まりによって描かれた絵）と読むのでなく、「てんかく」と読むならば、漢字を形作っている点や線ということになり、①や②ではなく、⑤に入れるべき熟語ということになります。

《画》は「カク」とも「ガク」とも「ガ」とも読みます。そして①や②の熟語は声に出して読んでみるとすべて「ガ」と発音する言葉です。③の「区画」から④と⑤の「字画」まではどの熟語も「カク」と発音しています。

《画》を「ガ」と読む熟語は「絵」とか「絵をかく、絵でかかれたもの」を表す言葉の読

み方であり、「カク」と読む熟語は「くぎり、はかりごと」の意味を表す熟語です。

そしてもう一つ、「しきり」「くぎり」「はかりごと」などの意味を持つ熟語は《画》という字が、上につく言葉でも、下につく言葉でも「カク」と読むことになっています。

宿題に出した先生がこのことを知っていて、子供たちにそれを発見させようとしていたのかどうかは定かではありませんが、面白い宿題になったものだと思います。

ふつうの辞典では、「夫人」という熟語は、「夫」の項を引くことによって検索できますが、同じ「夫」を持つ「漁夫」は、「漁」の項を引かなければ検索できません。

「易者」「易学」「易断」など「うらない、うらなう」の意味を持つ熟語は《易》を引けば探せますが、同じ《易》には「とりかえる、かわる」という意味もあります。「交易」「貿易」「不易」はどうやって引くのでしょうか。同じように「容易」「難易」「安易」「平易」は「やさしい、たやすい」という意味を含んでいます。

《易》を引けばこれらの言葉は出てくるでしょうか。

事実、《易》には、①「とりかえる、かわる」②「やさしい、たやすい」③「うらない、うらなう」という意味があります。なのに、いくつかの意味を持つ漢字を学ばせるとか、その親字を含んでいる語彙の意味や漢字の働きまでを学習させることは難しく、児童や外国人が熟語とその意味を学ぶためには、多くの辞典は不具合でした。

こうした不都合を解消し、児童や外国人でも現代日本語としての語彙の出来方およびその意味が容易に理解でき、学習できる熟語学習書というのはあるのでしょうか。

次の例を見てください。

【夫】

(読み) フウ　フ　おっと

◆意味①…一人前の男、仕事をする男の人

漁夫＝漁業を仕事にしている人、漁師、漁民

鉱夫＝鉱石をとる仕事をしている人

坑夫＝鉱山や炭坑などで、鉱物や石炭を掘りだして働いている人

工夫＝道路工事などの仕事をする人

車夫＝まだ自動車が発達していなかったころ、お客を乗せた二輪車を人が引っ張って走ったが、その車を引いた人のこと

◆意味②…おっと

夫婦＝結婚している一組の男と女、夫と妻、夫妻

夫君＝ひとの夫を敬っていう言葉、対語＝夫人

夫妻＝夫と妻、結婚している一組の男女、同意語＝夫婦、例 **山田夫妻**

夫人＝結婚した女性を敬っていう言葉、例 **キュリー夫人**

この例でいえば、まず、「夫」は訓読みで「おっと」、音読みで「フウ」とも「フ」とも読

むことがわかります。そして意味として、①一人前の男、仕事をする男の人、②奥さんに対するおっと、があり、①の意味を持つ熟語としては「漁夫、鉱夫、坑夫、工夫…」、②の意味を持つ熟語としては「夫婦、夫君、夫妻…」などがあることがわかります。

このように熟語を分類して配列すると、①のグループの熟語は、すべて「夫」が熟語の下につき、②の意味の熟語グループは、すべて「夫」が上についていることがわかります。

実は子供の「学習」、「言葉広げ」、「熟語の勉強」、「日本語学習」という観点から見て、ここが大切なところなのです。こうして並べることによって、学習者は、「夫」が下についている熟語は、「一人前の男」とか「仕事をする人」の意味を持つ言葉であり、「夫」が上につく言葉は、「奥さんに対する夫」の意味を持つ熟語だとわかります。こうしたことがわかることが、「転移力」というものなのです。

このことを知っている子供が、今読んでいる本の中に、「農夫」「水夫」「消防夫」という言葉があったとき、どんな思考の働かせ方をするでしょうか。「夫が下にあるから働く人のことだな、なにをして働くのだろう、そうか、農夫と書いてあるのだから農業か。もう一つは水夫だから、水の上で働く人か、船乗りだな」と類推します。辞書を引くにしても、こうした類推をもとにして、確かめのために辞書を活用するという働きになります。

そして、引いてみた結果、「やっぱりそうだ、あっていた」ということになり、成功感・成就感というか、そういった満足を感じます。これが「やる気」につながります。

ふつうの辞書では、「夫」を引いたとき出てくる熟語は、「夫」が上についた熟語だけです。「夫」が下についた熟語の意味、例えば、「漁夫」は「漁」で、「坑夫」は「坑」でというように、それぞれ、「上の漢字」の項を引かなければなりません。これが従来の辞書の作り方です。

「夫」を学習した子供が、「夫」のつく言葉を調べてくるようにといわれたとき、全員が「夫婦」「夫君」「夫妻」「夫人」の四つだけしかノートに書いてこなかったという、笑い話のようなことが、実際にあるわけです。市販の辞書の中で、もう一つ出ているとすれば、せいぜい「夫唱婦随」が取り上げられているだけでしょう。

《**易**》の場合はどうでしょう。

①「とりかえる、かわる」……交易　貿易　不易
②「やさしい、たやすい」……容易　難易　安易　平易
③「うらない、うらなう」……易者　易学　易断

こう並べて眺めれば、①「とりかえる、かわる」、②「やさしい、たやすい」という意味を含む熟語は、《**易**》が熟語の下についていますし、③「うらない、うらなう」という意味を持つ熟語は、《**易**》が上につくという法則がありそうだと考えられます（熟語すべてに当てはまるわけではありませんが）。

今度は、《具》という字を見てみましょう。《具》が下につく言葉は、「雨具」「器具」「教具」「工具」「寝具」「道具」…のように、「道具や入れ物」の意味です。それに対して、《具》が上についた言葉は、「そなえる、そなわる、そろっている、ことこまかに」などの意味です。このことを知っているだけで、どれだけ便利かしれません。

《具》が上につく言葉には、次のようなものがあります。「具眼」「具足」「具体」「具備」「具現」などです。これらの言葉には、道具の意味はありません。

よく、熟語がたくさん載っている辞書が「いい辞書」のように、いわれることがあります。一面の真理ではありましょうが、かといって、《具》が下につく言葉を、すべて辞書に載せることが出来るでしょうか。載っていなくても、今こうした知識があれば、「雨具」が何をする道具なのか、「文房具」がどんな道具か、自分の頭で判断できます。

「夜具」といえば蒲団類、「装身具」といえば身を飾るもの、「農具」といえば田畑で使う道具のことといったように、辞書をいちいち引かなくても、判断が出来る力がついてきます。そのことが、大事なのではないでしょうか。こうした仕組みを作っておいてやりたいものです。

また、漢字には、もう一つすばらしい特色があります。

《楽》には、①楽しい、らくちんだ、②音楽、音楽を奏でる、という意味があります。そこで《楽》を持つ熟語を、次のようにして出しておいてやるのです。

【楽】（読み）ラク　ガク　たのしい　たのしむ

◆意味①…たのしい、らく

安楽＝心や体が穏やかでらくなこと、満ち足りて平和なこと

行楽＝山や海などへ行ってたのしみ遊ぶこと

楽園＝たのしいところ、苦しみがなく暮らせるところ、極楽、パラダイス

楽勝＝試合などで、らくらくかつこと

◆意味②…おんがく、音楽を奏でる

楽劇＝歌や音楽、文学と造形芸術が解け合った一種の歌劇

楽章＝交響曲やソナタなどを作っているいくつかのまとまりをもった曲

楽団＝音楽を演奏する団体、バンド

楽典＝音楽の基本的な規則を書いた本

おわかりになったでしょうか。意味①の方の言葉は、どれも「楽」を「ラク」と発音します。それに対して、意味②の言葉は、どれも「ガク」と発音します。

「ラク」と読む言葉は、「楽しい、らく」という意味で、「ガク」という読みの言葉は、すべて「音楽、ミュージック」に関係あるということなのです。

このことがわかれば、もし辞書に出ていない「楽器」という言葉に出会っても、「ガッキ」

と読むことがわかりさえすれば、「音楽の道具」「音を出す道具」くらいの推測はできます。
もし辞書を引くとしても、そうした推測でもって調べて、字典に対してもらいたいものです。

《都》は「ト」とも「ツ」とも読みます。

「ト」と発音する言葉はすべて「都会」「都市」のように「大きな街、みやこ」などの意味ですし、「ツ」と発音する言葉は、「その都度」「都合が悪い」のように「すべて、みんな」、英語でいうと「オール」の意味です。

このように、親字の持つ意味ごとに、熟語を分類して配列すれば、熟語を構成する親字の位置または親字の読みの違いによって、その語彙の意味に容易に気づき、推測させることが出来ます。

初期の日本語学習として、語彙を能率よく、効果的に増やして、日常の言語生活を豊かにすることが出来るとともに、学習者が自ら熟語の出来方に気づき、喜びを感じ、語彙を広げ、数多くの日本語の語彙を体系化して、集約的に学習することができ出来ます。

こうした例をいくつか挙げてみましょう。

◆「悪」を「アク」と読む……わるい、正しくない………悪意　悪臭　悪性　など
◆「悪」を「オ」と読む………にくむ、きらう……………嫌悪　憎悪　など
◆「易」を「エキ」と読む……とりかえる、うらなう……交易　貿易　易学　易断　など

◆「易」を「イ」と読む………やさしい、たやすい………安易　簡易　難易　平易　容易 など

◆「率」を「ソツ」と読む……みちびく、すなお、かるがるしい……引率　率直　軽率 など

◆「率」を「リツ」と読む……わりあい……円周率　確率　視聴率　税率　能率　利率 など

すべての熟語がこのような組織になっていれば熟語指導は明解になりますが、なんとしても言葉の数は数限りないほどあります。残念ながらすべてがそうなっているというわけではありません。

《明》は、訓読みでは「あかり　あかるい　あかるむ　あからむ　あきらか　あける　あく　あくる　あかす」など、たくさんの読み方があり、その場に応じて読み分けるようになっています。そして、音読みでは「メイ　ミョウ」と読むことになっています。

《明》の意味と、その意味を持つ熟語を拾い出して見れば、およそ、次のようなものがあげられます。

①あかるい、あかり…………照明　明暗　明月　明色　明度　明滅　明朗（メイ）
　灯明　明星（ミョウ）

②はっきりしている…………解明　簡明　究明　言明　公明　克明　自明　釈明
　証明　声明　説明　鮮明　判明　表明　明快　明解
　明確　明記　明細　明示　明白（メイ）

③かしこい、よく知っている……賢明　明君　明敏（メイ）
④次のとき………明後日　明後年　明春　明朝　明日　明年　明晩（ミョウ）

意味別に分けたこれらの熟語をみると、大部分の熟語が「メイ」と読むもので、「ミョウ」は④「次のとき」の意味に使われている熟語のほかには、①の語群の「灯明、明星」だけです。

したがって、次のように言うことが出来ます。

《明》を「次のとき」の意味で使う場合は、その熟語はすべて「ミョウ」と発音する。しかし、残念ながら、①「あかるい、あかり」の語群の中に、「灯明、明星」のように「ミョウ」と読むものがありますので、「ミョウ」と発音する熟語は、すべて「次のとき」を持つ熟語だとはいえません。

《明》が上につく熟語、下につく熟語という観点で眺めてみれば、《明》が上につく熟語と、下につく熟語が混在していますから、上付き熟語はどう、下付き熟語はこう、ということは出来そうもありません。すべて上につく熟語と下につく熟語を統一すればいいと思うかもしれませんが、そうもいかないのです。「解明」などという熟語は、「解明」のときの意味は「不明な点をはっきりさせる」ことですし、「明解」となると「はっきりとわかりやすく解釈すること」とか、「はっきりとわかりやすい解釈」の意味になって、言葉そのものが違います。中国語と違うところです。

しかし、こうした見方が、子供たちにとっては言葉広げの学習や、漢字学習に興味を持つきっかけになることは確かだと思います。

「分別ごみ」は「ふんべつごみ」か

「熟語の意味と読みの面白い関係」の最後は、漢字で書くと同じでも「読みが違うと、意味も違う」という熟語の話をします。

「金星」を「きんぼし」と読むと、大相撲の横綱が、番付の下位のものに負けたような印象になりますが、「キンセイ」と読むと「明けの明星」や「宵の明星」だとわかります。「白金」を「しろがね」と読むと「銀」のことですが、「ハッキン」と読むと「プラチナ」の意味になります。

同じように、同じ音読み熟語でも「分別」を「ブンベツ」と読むと、種類によって区別・区分すること。「分別ごみ」は今ではどこの家庭でも実行している捨て方ですが、この言葉を使いはじめたのはどこでしょうか。

ある市のホームページを見ていたら、「正しいごみの分別法」というタイトルがありました。一瞬「正しいごみ」というのがあるのかと思って目を見張りましたが、よくよく見たら、「正しい、ごみの分別法」のつもりで書いたタイトルでした。それにしても、ごみの出し方について、「市指定のごみ袋を使用し、必ず町内名と氏名を記入してください」とは、なかなか厳しいものです。

さて、「ブンベツ」に対して、もう一方の「分別」を「フンベツ」と読むと「フンベツのある男」とか「分別がつかない」のような使い方をします。「物事の道理、善悪、損得などを常識的に判断すること。また、その能力」と、国語辞典には出ていました。「分別盛り」といったら「世の中の道理がよくわかっている年ごろ」というわけです。分別くさいとか、分別らしいという使い方をします。

次の熟語はなんと読むでしょうか。（　）に読み方を書いてください。

1 大家

①アパートの大家さん……貸家の持ち主、やぬしのこと（　　）
②画壇の大家……その道にとくに優れた人、巨匠、重鎮、達人（　　）
③大家の坊ちゃん……富んだ家や、社会的地位の高い家（　　）

2 人気

①役者は人気商売だ……人々の受け、世間の評判（　　）
②人気のない古びた屋敷……人の気配、人のいそうな様子（　　）
③この地方は人気が荒い……その地方いったいの気風、気質（　　）

3 末期

①末期の水を口に含ませる……人の死に際、臨終（　　）

②初期・中期・末期……終わりの時期（　　）

4 造作

①こんなのをつくるのは造作もないことだ……手数のかかること、骨折り、面倒（　　）

②玄関口の造作に凝る……建物内部の工作をする、床材、階段、陳列棚、建具など（　　）

5 後手

①しまった、後手に回った……先を越されて手遅れとなること（　　）

②この子ったら、後手で戸を閉めたりするものじゃありません（　　）

答 読みの違う熟語

1 大家

①アパートの大家（おおや）さん　②画壇の大家（たいか）

③大家（たいけ）の坊ちゃん

2 人気

①人気（にんき）商売だ　②人気（ひとけ）のない屋敷
③この地方は人気（じんき）が荒い

3 **末期**
①末期（まつご）の水を口に含ませる　②初期・中期・末期（まっき）

4 **造作**
①こんなのをつくるのは造作（ぞうさ）もないことだ
②玄関口の造作（ぞうさく）に凝る

5 **後手**
①しまった、後手（ごて）に回った
②この子ったら、後手（うしろで）で閉める

「夏休み中」も二つの読み方があります。「夏休みジュウ」と読むと、「夏休みの間、ずっと・全部」ということになりますし、「夏休みチュウ」と読むと、「夏休みの中のある一日」とか「ある数日」のように「夏休みのうちのいつか」ということになります。「夏休みチュウに一度はお訪ねしたいものだ」と言ったら、夏休みのうちのどこか、あなたが家にいるときに……ということになります。

こう書きながら、次の用例が浮かび出てきました。「直筆」はどうでしょうか。

「チョクヒツ」と読むと「事実をありのままに書くこと」であり、この言葉の対語は「曲筆」です。また「チョクヒツ」は用筆法の一つ、筆管をまっすぐ立てて持って、筆の先で書くことをいいます。そして「じきひつ」と読んだら「代筆」の反対で、本人が直接筆を執って書くことを表します。

もう一つ、「気骨」はどうでしょう。「きぼね」と読むと、「気骨がおれる」という使い方が頭に浮かびます。「気骨がおれる」というと「気苦労が多いこと」になりますし、「キコツ」と読むと「キコツのある男だ」のように使い、「自分が正しいと信じていることはどんな障害にも屈しないで貫き通そうとする強い心」の意味になります。

このような、読みが違うと意味が違い、使い方も異なるという言葉もたくさんあります。「礼拝」(ライハイ、レイハイ)、「座頭」(ザトウ、ざがしら)なども、興味がありましたら調べてみてください。熟語といっても、このように読み分け、使い分けなければならないのですから、つくづく日本語とは難しいものだと思わざるを得ません。

外国人から見た日本語の難しさ

それほどきちんと使いこなすには、ある程度、日本社会での生活や言語経験が必要ですし、マスターするのが困難な日本語ですが、日本人が日本語としてみる日本語のイメージでなく、外国人から見た日本語というのは、どんな言葉や文字に映るのでしょうか。

外国人にとって、日本語ほどややこしい言語はないと、異口同音にこぼします。外国人は、日本語のどんなところに抵抗を感じるのか、そんなことがわかると参考になるかもしれません。

まず、文字としては、ひらがな、カタカナ、漢字、ローマ字という四種類もの文字が併用されていること、これは外国人にとって負担の多いことの一つです。どこの国にも例のないことです。

その中で、中国人にとっては簡単ではないかと思うような「漢字」、その漢字は確かに中国人には文字の意味が通じるものも多いのですが、日本の漢字には、音読みと、訓読みがあり、漢字の読みといっても、一つの漢字にいくつかの読み方があり、一様ではありません。「読むこと」をマスターするというのは日本語に精通するということと同様で、たいへん難しいことだと思います。

日本の漢字の発音には、呉音、漢音、唐音（宗唐音）の三種類があります。中国から伝わったとはいいますが、日本に入ってきた時代と地域によって音が異なります。例えば「主」は呉音で「ス」、漢音では「シュ」であり、「音」は呉音で「オン、オム」、漢音では「イン、イム」です。

呉音は、仏教伝来とともに中国の呉（江南）地方から朝鮮半島を経由して渡来した音で、早くから日本語化し、そのため、和音とも言うようになりました。「明」を「ミョウ」、「眼」を「ゲン」、「若」を「ニャク」と読みますが、こうした読みは仏教語に多いといわれています。

漢音は、隋、唐代に遣唐使や留学生によって唐の都・長安（今の西安）など、中国北方系の音が移入された新しい音で、伝来当時には当時の中国音そのままだったと思われます。「人」を「ジン」、「間」を「カン」と読むなど、平安時代の初期には正しい音として推奨されたといいます。

唐音は、主として鎌倉、室町以後、江戸時代までに禅僧や商人たちによって伝えられた各種の中国語で、「暖簾」（のれん）や行灯（あんどん）「普請」（ふしん）などの類です。

そのほか、従来、唐音とされていた音の一部で、宋時代以後の中国語の発音を禅僧などが伝えたといわれるものがあります。禅僧関係の語に多い「行脚」（あんぎゃ）「払子」（ほっす）「塔頭」（たっちゅう）など、今では特別な単語にしか残っていません。これらを宋音といいますが、今日では漢音、呉音ほどの体系性を持っていません。唐音と宋音を一緒にして**宋唐音**ともいうことがあります。

漢字のそうした読み分けと同時に、訓読みになると、それは日本語そのものであり、意味そのものでもありますから、日本語を知らないと、いろいろ誤解を生じることになります。

日本の漢字は発音（読み）が難しいと外国人は言いますが、日本の漢字の発音がまったくルールがないということはありません。中国の漢字の発音、形、義（意味）がわかれば、いくつかのルールを知ることが出来ます。

中国語と意味が同じ、あるいは近い漢字や熟語は、訓読みの音が同じです。例えば、中国語の「法、規、則、典、范、式、矩、律、程」などは、ある程度意味が同じか、または近い漢字です。日本語の中でも、これら「法、規、則、典、範、式、矩、律、程、憲」などの意味（訓読み）は全部「のり」です。その証拠に、日本人の女性名「法子、規子、典子、則子、憲子、範子」などは全部「のりこ」と読みます。

形容詞や動詞などはどうでしょうか。中国語の「吉、好、良、佳、善、雅」などは日本語でも同じ意味ですし、それらの訓読みは全部「よい」と読みます。そこで「好い、良い、佳い、善い、雅い」などもすべて「よい」と読んでいます。こうしたことがわかれば、中国語の「亨、通、達、透、徹、融、暢」の意味も同じだということがわかり、日本漢字の「通」の訓読みが「とおる」だと知れば、「亨、達、透る、徹る、融、暢」も「とおる」と読むのだと推測できます。

さらには、同じ部首を含む漢字は音読みが同じだという場合が多いものです。「青」の音読みは「セイ」ですから「青」を含む漢字、「静、精、清、靖、錆、情、請」などは、音読みが全部「セイ」になります。同じように、「且」の音読みは「ソ」ですから、「祖、租、岨、姐、狙、阻、粗、組」などの漢字の音読みは、すべて「ソ」というわけです。

日本漢字と中国漢字で戸惑うのは、組み合わせが逆になる熟語です。日本語の「材木」が、中国では「木材」、「平和」が「和平」、「終始」が「始終」、「売買」が「買売」といったような違いになりますが、台湾語の熟語も上に挙げた例ではまったく日本語と同じだということです。

日本人にとっては興味深いことだと思いますので、もう少し例を挙げてみましょう。

運命↓命運、言語↓語言、詐欺↓欺詐、限界↓界限、紹介↓介紹、面会↓会面、絶滅↓滅絶、養護↓護養、正々堂々↓堂々正々など。

また面白いことに、漢字とはいっても、日本語の中で、中国語の意味と異なるものに、例えば「手紙」「湯」などがありますが、中国語での意味は、「トイレットペーパー」「スープ」などになります。銭湯の暖簾《のれん》をみて、「男湯」「女湯」と書いてあるので、「日本にはスープを飲ませてくれる店があって、男性用と女性用とスープも違うのよ」と早とちりをして友人に教えてしまったという笑い話さえあります。

これも少し例を挙げてみましょう。中段日印の下が日本語の意味、下段中以下は中国語の意味。

◆「大家」（おおや）…日 貸家の持ち主　中 みんな

◆「猪」……………日 いのしし　中 豚

◆「丈夫」……日 立派な男性、すぐれた男子（例 偉丈夫） 中 夫、亭主
◆「大丈夫」……日 危なげがなく安心できるさま 中 一人前の男、大人物
◆「放心」……日 魂が抜けたようにぼんやりすること 中 安心する
◆「方便」……日 ある目的を達成するための便宜的な手段 中 便利である
◆「文句」……日 不平不満の言い分 中 文章の章句
◆「真面目」……日 真心がこもっている、真剣 中 本性、正体、真相、真実
◆「野菜」……日 畑などで栽培されている植物 中 野生の植物（食べられる）
◆「愛人」……日 情夫など特別関係にある異性 中 妻、または夫

同じ漢字とはいっても、日本語と中国語とはやはり違うのです。漢字の顔が同じだから、意味が通じると思うのは間違いです。すでに何世紀も経て根付いた日本の漢字は中国語ではなく、やはり、日本語なのです。

①ある日本の工場に中国からの視察団が訪れた際、壁に貼られた「油断一秒怪我一生」という標語を見て大変驚きました。なぜなら、中国語で「油断一秒怪我一生」は、「（機械の）油が一秒でも止まったら自分を一生責め続けます」という意味だったからで、それを中国式に理解してしまった視察団が「何て恐ろしい標語だ！」と驚いたのは無理もなかったのです。（「日本漢字能力検定協会ホームページ」）

②工場見学にきた中国人が、工場の壁に貼ってある「油断一秒怪我一生」というスロー

ガンを見て、これを「油が一秒断たれたため、一生責めざるをえない」と読み、日本人とはなんと責任感の強い民族だろうと感心したという笑話もあった。(「中国語を母語とする日本語習得について」)

のように、「油断一秒怪我一生」の標語は、多くの人が日本語と中国語との意味の取り違いを笑い話として紹介する題材になるほど有名な話です。

さらに、日々増えつつあるカタカナ表記の外来語、欧米人でもピンとこない作り直された日本式外来語を加えると、日本語の難しさはなおさら増していきます。

その上、日本語の文の構造は中国語など多くの他言語と逆になっているので、頭の中での切り替えになかなか時間がかかります。私たちが英語を学ぶのと似たようなものがあります。よほど日本語に堪能な外国人でない限り、日本語で聞いた説明を、そのままその場で母国語に直して書くということは出来ないそうです。まずは聞いたままの日本語で書きとっておかなくてはならないのです。

日本語で書いているノートをみた日本人の友人が、日本語に不慣れなその外国人に、「あなたは日本語が随分堪能ですね」とほめたと言いますが、そうではないのです。堪能なのではなくて、聞いた日本語を聞いたまま日本語で書いておかなければならないほどの語学力しかなかったのだということなのです。あとでそのノートを読み直して、わからない言葉を辞書で引きながら、母国語に書き換える以外、方法がないのです。

日本語は難しい

日本語の表現には、馴染みの少ない男言葉と女言葉の使い分けもあれば、バカ丁寧に言われると時々訳がわからなくなるような敬語表現もあり、その上、自分の気持ちをはっきり言わない独特な曖昧《あいまい》表現もあります。それらのすべては日本独特の文化や特徴を反映しているのでしょうが、日本に住む外国人にとって、それらを正確に理解し、ひいては適切に使うというのは、至難のわざです。

例えば、「いいです」という表現、これが、外国から来た人たちには「いるのか、いらないのか」「YESなのか、NOなのか」どちらなのか、判断に苦しむといいます。長く日本で生活して、やっと何となくわかるようになるのですが、そうなるまでには、かなりの日本での生活を必要とします。また、「考えさせてください」とか「今度いらっしゃいよ」（私の家に遊びにおいでください）のような言い回しをどう理解すればいいか、外国人はいつも戸惑ってしまいます。

先に挙げたインドネシア人のイドリスノ先生はいいます。

留学生にとっては、日本の研究仲間や男女学生との日々のコミュニケーションは、言葉の勉強には大いに役に立ちます。しかし、グループ内で自分一人が女性だった場合、自分の日本語が男性語になっていて、ほかの人たちに笑われたりもするんですよ、と。テレビに出ている女性お笑いタレントのようになってしまうというのです。

さらには、ある企業に何かを依頼するとき、接客用語としての慇懃《いんぎん》な言い方に不慣れな外国人には、滅茶苦茶にわかりにくい純職業式敬語と感じられてしまいます。日本語に不慣れな外国人にとっては、敬語を省いて言ってもらう方がわかりやすいのです。

外国人にはストレートで単純な日本語の方が喜ばれる言い方だといいます。こうした丁寧語ばかりでなく、「いいです」「結構です」「どうも」「考えさせてください」「またあとで来ます」等々、数え切れないほどの曖昧表現を聞かされ、真剣に考え、あるいは誤解してしまうことは、たびたびのことのようです。

外国人にとっては日本語とは「不可思議語」だと思われるようです。時間が経つにつれて、それらがだんだんなくなることを期待しているとはいいながらも、言葉も対人関係の一種ですから、これが日本語の難しいところであり、日本語の味なのでしょうね、と言います。どこの国の言葉でも、使いこなしはやはり難しいことなのです。

熟語はどんな仕組みで出来ているか

ところで、熟語というものは、どのようにして出来ているものなのでしょうか。

こんな問題を持ち出すと、いまさら、という感がなきにしもあらずではありますが、漢字は一字一字が言葉であり、一つの単語です。そして、熟語というのは日本語になった「言葉」としての漢字が二字以上結びついて、一つの単語になった「漢語」のことです。もちろん、三字のものも四字のものもあります。こうした言葉を特に「三字熟語」「四字熟語」ということもあります。とはいっても、「三字熟語」「四字熟語」の基本は、いわゆる「熟語」と呼ばれている「二字熟語」です。「交通安全週間」は「交通」+「安全」+「週間」の二字熟語の集まりです。

漢字の「海」と「水」とは、全然異なる意味を持った別の言葉でしたが、それを二つくっつけて「海水」と使いました。そしてたびたび使っているうちに、みんなが「海水、海水」と言うようになり、海の水のことを「海水」と言うようになりました。こうして、一つの言葉として熟してしまったものが「熟語」です。

しかし、日本語と中国語とではこの熟語の出来方で異なるものがあります。先にもいくつか触れましたが、期日↓日期、苦痛↓痛苦、後日↓日後、情熱↓熱情、制限↓限制、敗戦↓戦敗といったような出来方の違いになります。

どうしてこのような違いが出てくるのでしょうか。

中国語は英語などと同じように、SVO(主語+動詞+目的語)の構文ですし、日本語はSOV(主語+目的語+動詞)の構文です。この構文構造は熟語を作る際の漢字の組み合わせにも表れてきます。二字の漢字をつないで熟語をつくるとき、中国語は主語+動詞+目的語の順で、「面会」のように、目的語は動詞の後ろに置いてもいいとされています。
それに対して日本語の構造は主語＋目的語＋動詞ですから、「短縮」のように目的語を動詞の前に置く、という作り方になります。同じ漢語の一種である台湾語も、日本語の漢字熟語と同じように転倒しているものが多いようです。

こうした違いは違いとして受け入れ、わたしたちは、日本語の熟語の結びつき方を知らなくてはなりません。日本語としての言葉の結びつき方には、いくつかのパターンがあります。わかりやすく子供に教えるときには、これくらいの教え方をしておけばよいだろうと思われる「熟語の出来方」を示しておきます。

❶上から下へ（↓型の熟語）

「↓型の熟語」は、上から素直に読んでいけば意味がわかります。「〜の、なに」（山道）、「〜な、なに」（高温、悪人）、「〜が、どうする」（日没）、「〜する、なに」（乗客・走者）などがあります。上から下へ、そのまま訓読みのように読んでいけばよいのです。

例 着物＝着る物　水中＝水の中　青空＝青い空
売店＝売る店　海水＝海の水　地震＝地が震える

そのほかに、曲線、最古、人造、山頂、日没、自作、定価など。

❷下から上へ（↑型の熟語）

「↑型の熟語」は、上の字が「〜する」という意味になり、下の字が「〜を」とか「〜に」という意味になる熟語です。下から上にひっくり返って読めばわかります。

例 作文＝文を作る　入港＝港に入る　投球＝球を投げる
着席＝席に着く　投票＝票を投ずる　停車＝車を停める

そのほかに、開会、登山、帰国、通学、決心、出題など。

❸シーソー型（⇔型の熟語）

「シーソー型の熟語」は、反対または対立する漢字を組み合わせたものです。

強い—弱い＝強弱（反対の言葉）　左—右＝左右（反対の言葉）
手—足＝手足（並立する言葉）　見る—聞く＝見聞（対立する言葉）

例 高低＝高い・低い　明暗＝明るい・暗い　長短＝長い・短い

そのほかに、有無、古今、遠近、増減、軽重、慶弔、勝敗、黒白、悲喜など。

❹イコール型（＝型の熟語）

「＝型の熟語」は、両方の意味が同じか、似ている漢字を組み合わせたものです。

例 寒冷＝寒い＋冷たい（気温が低く、寒さ、冷たさが厳しいさま）

温暖＝温かい＋暖かい（気温が穏やかで、暖かいさま）
満足＝満ちる＋足りる（十分で、不平や不満のないこと）
切断＝切る＋断ち切る（切り離すこと）

そのほかに、**停止**、**身体** など。

「＝型の熟語」の中には、意味が似ているどころか、同じ漢字を重ねて造られたものもあります。「重ね語」（畳語）といって、「飾り言葉」として使われます。重ねているのだから意味はわかります。

例 **点点**（犬の足跡が点々とついていた）
少少（少々なら、お金を持っています）
堂堂（朝青龍の土俵入りは、外人力士ながら堂々たるものだった）

❺そのほかの熟語の出来方

①熟語の上か下に、打ち消しの語がついて出来たもの

ⓐ上についたもの……**不安**、**不良**、**悲運**、**無数**、**未定**、**非常識** など

不……打ち消し、否定、～ではない
無……有の対、～がない、存在しない、欠けている

「無」が「ある、ない」に関係する言葉なのに対して、「不」は「そうではない」と否

定する意味で使われます。

未……まだ～しない、まだそのときがこない、まだその事実が終わらない、いまだし

非……そのことでない、～ではない、あらず、否定

「未」は「まだ～ない」ということで、まったくないのではなくて、時が立てば「ある」に変わる可能性を持っています。ここが「非」との違いです。「非公開」はいくら待っても公開されませんが、「未公開」はそのうちに公開される可能性があります。

ⓑ下についたもの……可否、安否、是非、成否 など

②下に性、然、化などがついて出来たもの

……急性、悪性、突然、必然、美化、液化 など

③語や熟語を合わせて三字以上にしたもの

……山小屋＝山＋小屋、身体検査＝身体＋検査、交通安全週間＝交通＋安全＋週間 など

④長い語を簡単に略したもの

……国際連合→国連、化学繊維→化繊 など

熟語についてここでふれておきたいことの一つは、子供の場合、熟語の書き取りで漢字の間違いが目立つことです。例えば、印象を「印像」と書いたり、解散が「会散」になったりするのです。これではせっかくの言葉広げの学習が台なしになってしまいます。こうしたこ

とのないようにするには、表意文字である漢字には、それぞれの字の持っている意味があるのだということを、くどいくらいに頭に入れさせておくこと、そうした上で、漢字の学習に取り組ませることが大切です。

せっかく「危険」という言葉を知っていても、「危検」や「危倹」と書いたのでは何にもなりません。ここがひらがな語やカタカナ語と、漢字の熟語との違いなのですから……。

同訓異義語と同音異義語

熟語というと、ふつうは音読みです。「ふつう」と書きましたが、まれには音読みでない熟語もあるからです。音読みでない熟語、それは、例えば「初霜」（ショソウ）を「はつしも」と読み、「天皇」を「すめらみこと」、「大臣」を「おとど」と読む読み方があるからです。「若者」「大雪」「細道」などもそうでしょう。「一寸」（ちょっと）は「ちっと」の転化した言葉だそうですが、これもそうです。さらに「閑話休題」という四文字熟語は「それはさておき、さて」（『大辞林』三省堂）と読んだりもします。「閑話休題」などは訓読みの四文字熟語というよりも、日本語訳といった方が妥当だとも思えます。

「春風」は音読みにすれば「シュンプウ」、訓読みにすれば「はるかぜ」ですし、「山道」は音読みにすれば「サンドウ」、訓読みにすれば「やまみち」。音読みで読んだ「シュンプウ」

「サンドウ」は漢語ですし、「はるかぜ」「やまみち」は日本語、すなわち「和語」といわれる言葉です。音で読むと、なんとなくキリッとして引き締まった感じがしますし、訓で読む和語は「柔らかい感じ」がします。

ここでは、そうした作りの言葉、いわゆる熟語について考えてみましょう。先ず、手始めは、漢字一字の読みからです。

音読み、訓読みとはいいますが、教育漢字一〇〇六字の中で、音読みだけで訓読みのない漢字が二九六字あります。これはいわゆる日本語読みがないということですから、「部」は「ブ」としか読めません。それなのに「部屋」という言葉があります。これは漢語でしょうか。そうではありません。「部屋」は「部屋」と書いて「へや」と読みます。漢語辞典や漢和辞典には載っていません。もし、あるとしたら、おそらく熟語の頭に「国」という印がついているでしょう。それは、国字・和語だという印です。

どうしてなのでしょうか。それは「熟字訓」といって、特別な読み書きとして日本語の中で認められているからです。当て字の一種だといってもよいでしょう。「大人」を「ダイジン」でなく「おとな」と読み、「海苔」を「カイタイ」でなく「のり」と読み、「一寸」を「ちょっと」と読むのも同じです。

「七夕」は「たなばた」と読むではないか、といわれそうです。その通りです。しかし、中国で「たなばた」と発音していたのをそのまま受け入れたのではありません。中国には陰暦七月七日の夜、牽牛《けんぎゅう》と織女《しょくじょ》の二星が「天の川」を渡って一年に一度だけ会うという伝説があり、そのとき紙や糸などを供えて裁縫などの上達を祈る祭り（これを「七夕」〈チーシー〉＝シチセキという）がありました。日本にも古くから同じような行事があり、その行事は和語で「たなばた」と呼ばれていました。そこで、「七夕」（チーシー）に「たなばた」の熟語を当てて「七夕＝たなばた」という熟字訓が生まれたわけです。余談ですが、伝説の天の川は銀河とも呼ばれ、漢文では天漢、銀漢、雲漢、銀浪、星河などとも表記されています。

音読み、訓読みとは

教育漢字一〇〇六字の中にも、訓読みだけしか認められていない漢字があります。調べてみたところ、届（とどく）、貝（かい）、株（かぶ）、箱（はこ）、畑（はたけ・はた）、皿（さら）という六字でした。

訓読みの教育漢字は六字だけだといいましたが、音読み、訓読みとは、そもそも何なのでしょうか。

《花》の音読みは「カ」、訓読みは「はな」です。そして、いろいろな辞典で漢字の読みを示す場合、音読みはカタカナで示し、訓読みはひらがなで示す、ということをしています。

ただし、カタカナで示した方は、その字の漢語に基づいた「読み」を、ひらがなの方は「意味」を表す読みであるという、編集上の決まり（約束）、凡例でしかありません。国としての決まりではありません。

「読み」といっても、それは古い時代の中国音といってよいでしょう。中国から習った古い漢字音「クヮ・花」を、時代とともに発音の変化が進み、「カ」と発音するようになりました。「クヮ」（kua）のuが抜け落ちて「ka」になってしまったのです。中国語でも今は「クヮ」というより「ホヮ」といった感じになっています。この「クヮ」「ホヮ」は中国語で花（flower）をいうときの言葉ですが、日本には中国語「クヮ」「ホヮ」が入ってくる以前から「はな」という言葉があり、「はな」と言い合っていました。万葉集などでよく知られているところです。そこで、中国から入ってきた《花》という漢字と、中国語の「クヮ」「ホヮ」という発音と、日本の「はな」とが結びついたというわけです。

ところで、馬や猿、豚などはそれぞれ「マ・うま」「エン・さる」「トン・ぶた」と読み分けられますが、「象」は「ゾウ」だけしかありません。いわゆる音読みだけです。「象」という漢字が入ってくる前、日本には「象」の知識がありませんでした。この動物がいなければ日本語としてこの動物の名をいうこともありません。中国語が日本に入ってきてから、そのまま日本語として通用してしまったのではないでしょうか。犀《さい》や豹《ひょう》や鯉などもそうなのでしょう。

教育漢字一〇〇六字のうちの七〇四字には音と訓がありますから、その七〇四字には日本の意味というか、日本語がついているわけです。では七〇四の漢字は中国字（語）かというと、もとはそうであったろうけれども、いまはすべて日本語だといってよいのではないでしょうか。音も訓も日本語としての音訓なのですから。

そうした中で、「水辺、水枕、水周り、水屋」のように、二字熟語のうち上下とも「訓訓」の熟語があります。それは中国語ではなく、純然たる和語だとみられます。

小倉百人一首に見る熟語

実験的に、小倉百人一首の中から熟語らしきものを抜き出してみました。

ご承知のように、百人一首は、鎌倉時代に、歌人・藤原定家が、最も代表的な和歌を百首選んだものです。天智天皇から順徳院までの、約六〇〇年間の代表的な歌人の秀歌が、年代順に配列されています。この百首は、「古今集」「新古今集」など一〇の勅撰和歌集から選ばれたものだといわれています〈持統天皇（二番）と山部赤人（四番）の原歌は「万葉集」〉。

その中から、三〇語足らずですが、熟語を抜き出すことが出来ました。例えば――

君がため　春の野に出でて若菜《わかな》つむ　わが衣手《ころもて》に　雪は降りつつ　（光孝天皇）

この中の、「若菜」と「衣手」は上下とも訓読みの熟語ですが、この「若菜」や「衣手」

という漢語はあるのでしょうか。
手元の辞典では見つけられませんでした。「若菜」に相当する漢語は、「若芽」（ジャクガ＝生え出て間もない草木の芽）、「若草」（ジャクソウ＝生え出たばかりの草）あたりでしょうが、**【若菜】**（ジャクサイ）は見当たりません。どうやら「ジャクサイ」という漢語はなく、訓読み「若い」と「菜」の「わか・な」とをつなげてできた和語だといえそうです。「衣手」も、もちろん「衣手」（イシュ）などという漢語はありません。このようにして探し出していって、漢語としても通用する熟語は、次のような一〇語足らずでした。

〔つりぶね〕釣舟・釣船……チョウシュウ・チョウセン・魚を釣るための船。
蛇足ながら〔釣車〕があり「リール」のことだそうです。
〔くさき〕草木……ソウモク・艸と木・植物全体
〔みゆき〕御幸……ギョコウ・天子の外出・お出かけ
〔はつしも〕初霜……ショソウ・その年の秋に初めて降りる霜
〔しらつゆ〕白露……ハクロ・露の美称として使う・しらつゆ
〔うきよ〕浮世……フセイ・定めのないこの世
〔けさ〕今朝……コンチョウ・けさ

み吉野の　山の秋風小夜ふけて　ふるさと寒く　衣打つなり　（参議雅経）

この歌に出てくる「ふるさと」については、〔ふるさと〕を、「古里」（コリ）と表記すると漢語にはありませんが、「故里」ですと「生まれた土地、ふるさと」「故郷」ですと「故土、故地」という漢語で出ています。

このように、日本語は漢語と和語とが渾然一体となって、より深い味わいを成していったもののようです。

音訓の制限は、いつ・だれが決めたのか

さて、今度は「訓読み」漢字についてです。教育漢字一〇〇六字のうち訓読みだけの字が六字あるといいました。これらの字は音読みがないわけですから、それらの字の発音（読み）はどうなってしまったのでしょうか。中国の字ではないのでしょうか。そうだとすれば、日本で生まれた字なのでしょうか。手元の辞典を引いてみると……、

◆届（クツ・クチ・とどく）
◆貝（バイ・ハイ・かい）
◆株（シュ・チュウ・かぶ）
◆箱（ソウ・ショウ・はこ）

◆畑（　・はたけ・はた）
◆皿（ベイ・ミョウ・メイ・さら）

のように、れっきとした音読みが表されています。音読みのないのは「畑」一字でした。ということは、「畑」を除いてほかは中国製の漢字だったわけです。れっきとした中国読みがあるのに、常用漢字の読みとしては、これらの音読みを採用しなかっただけなのです。

「畑」だけでなく、「峠・榊・躾・辻・鰯」など、こうした字は漢字と同じような顔をしていますが、実は日本で作られたものです。日本製の漢字ですから国字とか和字などと呼んでいます。

国字というと、その概念はもっと広いもので、この和製漢字だけをいうものではありません。ここでは一応、日本で作られた漢字という意味で、この和製漢字を国字と呼んでおきます。

訓読みのない漢字は、一般的には、その漢字が日本に伝わった当時に「日本にない概念だったということかな」と思ってしまいます。しかし、こうした考え方は危険が伴います。現在、訓読みをしないだけなのかも知れないということがあります。

例えば、「風に戦ぐ葦」のように「戦ぐ」とか、また「雷の恐ろしさに戦く」を「戦く」などと書いても読めない人が多いと思いますが、これは「そよぐ」「おののく」と読みます。こうした読みがないのではなく、常用漢字では「セン、たたかう、いくさ」としか読みを認めていないだけのことです。

ですから、一つの漢字に複数の意味がある場合は、一つの漢字に複数の訓読みがある可能性があると思って間違いありません。

「戦」を「セン、たたかう、いくさ」としか読まないという、このような読み方が決まったのは、いつ、だれによってなのでしょうか。それは、一九四八年（昭和二三）年に公布された内閣告示によってです。「当用漢字音訓表」という、漢字とその読みを規定した告示が出たのです。告示というのは一般の人に広く（公式に）知らせることです。

それは、その当時の当用漢字一八五〇字の漢字の読み方を制限したもので、この表の方針は、次のようになっています。

①古訓・解釈訓は、できるだけ整理する。
②異字同訓は整理する。
③同字異訓は整理する。
④仮名書きにすべき語に用いる訓は整理する。
⑤熟字訓は整理する。

「整理する」となっていますが、ここでいう「整理する」は「禁止する」に置き換えて読んでよいものです。この告示で、当用漢字一八五〇字をどのように使わせようとしたのかということについて、あらためて見ておきましょう。

【使用上の注意事項】は、およそ次のようなものです。

(イ) この表の漢字で書きあらわせないことばは、別のことばにかえるか、または、仮名書きにする。

(ロ) 代名詞・副詞・接続詞・感動詞・助動詞・助詞は、なるべく仮名書きにする。

(ハ) 外國(中華民國を除く)の地名・人名は、仮名書きにする。ただし、「米國」「英米」等の用例は從來の習慣に從つてもさしつかえない。

(ニ) 外來語は、仮名書きにする。

(ホ) 動植物の名称は、仮名書きにする。

(ヘ) 当て字は、仮名書きにする。

(ト) ふりがなは、原則として使わない。

(チ) 專門用語については、この表を基準として、整理することが望ましい。

このために、次のようなことが起こりました。

◆「朝」を「あした」とは読めない。「京」↓「みやこ」、「類」↓「たぐい」もダメ。

◆「危」を「あぶない」とは読めない。「怒」↓「おこる」、「効」↓「ききめ」もダメ。

◆「みる」は「見る」だけで「視る」は読めない。「きく」は「聞く」で「聴く」はダメ。

◆「今日」を「きょう」とは読めない。「昨日」↓「きのう」、「タバコ」↓「煙草」もダメ。

これによって「魚」を「さかな」と読むことも出来なくなりましたし、「単に、特に、決して」などの表記も出来なくなりました。「時計、お父さん、お母さん、お兄さん、お姉さん」も書けません。そのほか、音の選び方が少ないために「礼賛＝らいさん」は「れいさん」と読まなければならず、「不吉」は読むならば「ふきち」であって、「吉」は「きつ」と読めなくなってしまいました。

これらの不具合は「常用漢字」時代になって、かなり改善されてきました。というより、漢字の読み書きについての制限がゆるくなり、現在では、個人での使用に関しては規制がなくなりました。そのことについて、運用法としては、「科学・技術・芸術・その他の各種専門分野における表記や個々人の表記にまでこれを及ぼそうとするものではない」としています。とはいいながら、「学校教育においては、……適切な配慮のもとに運用されることが望ましい」というわけですから、「適切な配慮のもと」をどう解釈するかは問題のようです。

頭の痛い同音漢字と同訓漢字の使い分け

ともあれ、これでだいぶ「音読み、訓読み」がはっきりしてきたと思いますが、日本語を漢字かな交じりで表記する際に、ウーンとうなってしまうような問題が出てきます。それは同音異字とか同訓異字などといわれる漢字の使い分けです。

あなたは「頭の回転が〈**はや**〉い」と書くとき、次のどちらを書くでしょうか。

◆頭の回転が〈速〉い。
◆頭の回転が〈早〉い。

この「速」と「早」のように、漢字そのものが異なり、「訓読みにしたときは発音が同じなのに、それぞれの意味は異なる漢字（言葉）」を「同訓異字」とか「同訓異義語」といいます。実際問題として、〈速い〉と〈早い〉はどう書き分けるのでしょうか。なかなか厄介な問題です。

まずは、〈はやい〉という言葉を使ういろいろな場面を考えてみましょう。

①「いつもより、早い電車に乗った」

このときは、ふだんは七時半発の電車に乗るのに、今日はたまたま早朝出勤だったため、七時ちょうどの電車に乗った、これが「いつもより、早い電車」です。

②「はや咲きの梅が、もう咲いた」

このときの「はや咲き」は、はやく咲く品種、一月とか二月に咲く梅をいうわけですから、「ある時刻や時期より以前」という意味です。「子供が予定より〈はやく〉出来ちゃった」というときは、二、三年は新婚気分で二人して生活をエンジョイしようと思っていたのに、「予定より〈はやく〉出来ちゃった」というわけですから、「ある時刻や時期になる前」をいうときの言い方です。

③「五・一〇日（ご・とう日）は道路が混んでいるから、車より電車で行った方がはやいよ」

このときは、「時間がかからない」という意味です。

◆早い電車に乗った　→　速い電車に乗った

◆早咲きの梅　→　速咲きの梅

◆予定より早くできた　→　予定より速くできた

◆電車で行った方が早い　→　電車で行った方が速い

こうして並べてみると、「早い」の方がよいように感じます。しかし、「電車で行った方がはやい」は到着時間の問題なのか、走る速度の問題なのかわかりません。電車のスピードなら「速い」でしょうが、「時間的に早く着く」というように解釈すると、「早く着く」になります。単純に考えるなら、「速い」はスピードのある様子をいうとき、ことにA地点からB地点までの距離を通過する時間、すなわち、「速度・スピード」に関するときに使います。

同じ日本人大リーガーでも、「松井選手よりイチロー選手の投げる球の方がはやい」というときは、まさしく「速い」です。そして「大リーグ入りしたのもイチロー選手の方がはやい」というときは「早い」です。

はじめの「頭の回転が〈**はや**〉い」に当てはめてみましょう。この場合の「はやい」は、頭が回りながら「A地点からB地点までの距離を通過する時間」を言っているのではなくて、この子は〈**するどい**〉子だ、とか〈**敏感**〉な子だと、言い換えてみるとわかりやすくなります。すると、「頭の回転が早い」と書いて間違いではありません。「この品物は回転がはやい」というのも、仕入れた品物がすぐ売れてなくなってしまうという意味ですから「回転が早い」です。

武蔵野市の小学生からの手紙で、水泳の「自由がた」は「自由形」か「自由型」なのかという質問がありましたが、これなども難しい書き分けです。

◆物の姿やかたちのときや、後に残ったかたちは「形」……三日月形、自由形

◆同じものがいくつも使われるもとになるかたち、ある特徴によって分けられた種類は「型」……型紙、血液型、小型乗用車

一般にはこのように区別しますが、「自由がた泳ぎ」を「泳ぎの姿やかたち」ととれば「自由形」ですし、「水泳の基本の型」ととれば「自由型」ということになりそうです。

わたしはこの子には次のように返事を書きました。

《水泳種目の中にバタフライというのがあるでしょう。あれが出来たのも、平泳ぎが、ただ〈両手両足を同時に動かせばよい〉というルールだったところから、どこかの国の青年が考え出した泳ぎだそうです。この泳ぎ方で泳ぐと〈速い〉というわけで、みんながまねをしはじめました。それで平泳ぎと区別してバタフライという種目を別に作らざるを得なくなったのだそうです。

「じゆうがた」は、なに泳ぎでもよい、速くさえあればよいというわけでしょう。自由な

泳ぎ方、自分の一番速い得意な泳ぎ方でよいというところから来たものでしょうから、〈自由な型〉ととれば〈型〉でしょう。〈自由型〉と書いてある辞書もありますが、教科書や新聞などでは〈自由形〉の方を採用しているようですよ》と。

《型》にもスポーツや芸事などの基本となるやり方をいうときに使う言葉があります。「弓道の型」「お茶の基本の型」「型破りな性格」「型どおりの挨拶」なども「型」を使います。わたしなども「古い型」の人間です。

ほかに「同訓異字」の言葉で注意したいのは、「始め」と「初め」の使い分けや、**〈表す〉**と**〈現す〉**などがあります。

喜びは体全体で「表す」ですが、満月は雲の間から姿を**〈現す〉**です。

これらは「同訓異字」の使い分けでしたが、もう一つ「同音異字」の問題もあります。「漢字の音読みの発音が同じで意味が異なる」言葉です。

よく間違いやすい熟語に「カイトウ」があります。

①解答……問題を解いて答えを出すこと……模範解答、解答例

②回答……質問や調査、要求などに対してこたえること……人生相談の回答

③解凍……凍っていたものを溶かすこと……自然解凍、冷凍食品を解凍する

とくに①の「解答」と、②の「回答」は混同しやすいので、注意が必要です。

ほかに、「保険と保健」、「即効と速攻」なども間違いやすいようです。言葉を聞いただけ

では区別がつきません。字を見れば「即効」の「即」は〈即座に、すぐに〉であり、「速攻」の「速」は〈スピード、ラピッド〉の意味だとわかります。

熟語の使い分け練習

まとめを兼ねて、ここで問題を三つ差し上げましょう。

(Ⅰ) 次の（ ）内の「言葉」を漢字で書き直してください。

①（はし）の（はし）に立って、寅さんの姿が見えなくなるまで見送った。
②犬が（な）いたら、その声に驚いて赤ん坊が（な）いた。
③（のうふ）だって、もちろん所得税を（のうふ）する。
④自分の五〇年という（はんせい）を、（はんせい）する。
⑤八時にここを（はっしゃ）すると、ロケットの（はっしゃ）に間に合うだろうか。
⑥今時、ごみは（ぶんべつ）して出すのが（ぶんべつ）のある人というものだ。

(Ⅰ)の答

①（橋）の（端）　②（鳴）いたら（泣いた）
③（農夫）だって（納付）する　④自分の（半生）を（反省）する
⑤（発車）すると（発射）に間に合う　⑥ごみの（分別）は（分別）のある人

（Ⅱ）次の○○の中には「セイカ」という言葉が入りますが、それぞれどんな熟語でしょうか。全問正解となるような「成果」を挙げてください。

①努力の○○　②○○市場　③○○を高める
④○○販売　⑤○○の授業　⑥○○を飾る
⑦嫁さんの○○　⑧○○の候、皆様には〜　⑨○○隊
⑩オリンピックの○○

（Ⅱ）の 答

①努力の「成果」　②「青果」市場　③「声価」を高める
④「正価」販売　⑤「正課」の授業　⑥「生花」を飾る
⑦嫁さんの「生家」　⑧「盛夏」の候、皆様には〜　⑨「聖歌」隊
⑩オリンピックの「聖火」

（Ⅲ）次の熟語の使い分けの正しいものを答えてください。

問題 ①

「あんしょう」番号を忘れるとたいへんなことになります。銀行でお金が引き出せなくなりますし、共同で使っているパソコンが開かなくなります。かと思うと、自分が急に健忘症にかかったのではないかと思ってしまうことまであります。「あんしょう」はうかうかでき

ません。
「あんしょう」には次の二つがあります……
①暗証
②暗唱
◆「最近、名文を『あんしょう』させる本が売れている」という場合の「あんしょう」は、右のどれを書きますか？

解説と正解
古典などの一節を「空で覚えて唱える」本が売れているというのですから、暗証番号などの「暗証」でないことはわかります。「暗証」の「しょう」は「証明」の「証」、「暗唱」の方の「しょう」は「唱」（となえる）ですから、問題文の理解さえ確実なら解答は出ます。
①暗証＝預金通帳、クレジット・カードなどで、署名のほかに、本人であることを証明するために使う文字や数字。「暗証番号」。
②暗唱＝文章などを空で覚えていて、口に出して唱えること。「和歌の暗唱」。
したがって、**問題**①の**正解**は【暗唱】です。

問題 ✎ ②

「いがい」なんていう字は「いがい」に「優しい」よね……？　いや、この場合は「易しい」と書くのじゃないかな。なるほど、「いがい」に漢字の使い方って難しいものですね。

「いがい」には次の二つがあります。

① 意外

② 以外

◆「優勝候補に挙げられていたチームが二回戦で敗退したのは『いがい』だった」という場合の「いがい」は、右のどれを書きますか？

解説と正解

この間違いは「いがい」に多いようです。「以」は「それより」の意です。「以上、以前、以降」などと使います。それに対して「意」は「考えや気持ち」であり「意外」は「意の外」だというわけです。そこで「優勝するはずだった」、それほど強いチームが早くに負けたのですから、これは「意の外」だったわけです。

① 意外＝予想もしなかったこと、思いのほか。「事の意外（さ）に驚く」「意外な時に意外の敗北」「意外や意外、彼が失敗してしまった」「意外と知られない事実」のように「と」を付けても使う。

②以外＝それを除いたほか（のもの）。「日本以外の国」「関係者以外立ち入り禁止」。

したがって、**問題**②の**正解**は【意外】です。

問題③

昨夜の飲み代を立て替えてもらった友人に支払うのも「せいさん」ですが、のっぴきならない事情で一緒に死ぬことも「せいさん」。その結果、うまくいった、成功したのも「せいさん」があったから。いやはや、どんな「せいさん」をすればいいの？

「せいさん」には次の三つがあります。

①精算
②清算
③成算

◆「今度の仕事は『せいさん』があると思ったから引き受けたんだよ」という場合の「せいさん」は、右のどれを書きますか。

解説と正解

債権債務の関係に結末をつけるのは「清算」。会社が解散し財産を整理し後始末をつけるのも「清算」ですし、三角関係を「せいさん」するのも「清算」。「さんずい」のついた「清算」は意味が広く使われます。そして似ている「精算」とは違いますので、十分に気をつけたいものです。

①精算＝金額などを細かに計算して結果を出すこと。「乗り越し料金を精算する」。

②清算＝(互いの) 貸し借りを整理・差し引きして、後始末をつけること。比喩的に、過去の関係に結末をつけること。

③成算＝物事をするに当たっての、成功する見込み。「成算がある」。

したがって、**問題**③の**正解**は【成算】です。

第五章

学校の漢字と教師に必要な資質

外交官の漢字研修

面白い「文書」がありました。それは外務省および国際交流基金が実施する「外交官日本語研修」および「公務員日本語研修」の内容に関するものです。

《この研修は、昭和五六（一九八一）年一月に鈴木善幸総理（当時）がＡＳＥＡＮ（東南アジア諸国連合）諸国を訪問した際に、日本語および日本事情を専門とする外交官の組織的養成体制が整っていない国に対して、わが国政府は日本においてかかる専門家の研修機会を与える用意がある旨表明したことに基づき同年より開始され、（中略）また、平成九（一九九七）年度より対日関係業務を担当する外交官以外の外国政府公務員にも対象が広げられた（後略）》ものだとして、研修の概要が参考項目には記入されています。

外交官の業務上必要な技能としては「話す」「聞く」、そして次には「読む」技能が重要なのだそうです。読む技能については、新聞記事の見出しがある程度わかり、招待や案内、感謝、問い合わせなどの手紙や、ファクス類の判別が出来る程度の読解力はつけたいということです。

では、「書く」活動はどうなのかということが気になります。

外交官の日本語研修ですから、「話す、聞く、読む」技能が重視されるのはわかりますが、そうした技能を身につけるためには、当然、漢字の問題が大きくかかわるため、重要漢字語彙の範囲を決定し、授業の中で導入していく必要があります。在京大使館に勤務している外交官数名に行ったインタビュー（二〇〇二年八月）でも、漢字教育のニーズに関して次のようなコメントがあったといいます。

◆漢字は読み（認識）が大切。書くのはワープロで出来る。

◆日本で生活する以上、道路標識、地名などサインとしての漢字の認識が必要。

◆問い合わせや依頼、感謝の手紙やメール、ファクスを読む力は必要。日本人スタッフに翻訳してもらうべきものかどうかを判断できる程度のスキルは必要。

◆勤務してからでは学習する時間がない。できるだけ勤務に対応できる基礎をつけておくことが必要。

ここでは「書く」技能については一言も出てきません。彼らのニーズが「話す、聞く、読む」というところにあれば、これまた当然です。

この研修で目指す漢字クラスの目標は次のようになります。

①生活で必要となるであろう通常初級で学習する基本的な漢字に加え、外交官として必要な漢字（省、務、議など）を早期に導入し、必要となる語彙（書記官、領事館など）を学習する。

②学習時間が限られていることや、学習者の負担を考え、できる限り漢字を書く負担を軽減し、逆に漢字語彙の意味を認識する練習を強化する。

③コンスタントに学習を継続する環境にないため、必要なときに自分で漢字を調べることが出来る力をつける。

これを読むと、まさしく小学校教育、ことに低学年の漢字教育について、考えさせられます。

「漢字指導の負担を軽減し、逆に漢字語彙の意味を認識する練習を強化する」練習に力をいれたというのですが、彼ら日本駐在外交官にとっては「漢字は読み（認識）が大切。書くのはワープロで出来る」ということで、今後の日本の教育にも一石を投じそうな気配を感じます。

ことに「できる限り漢字を書く負担を軽減する」というのは、まさしく現代的だということがわかります。それほど言葉を「音」によって綴るということと違って、漢字を用いた日本文の「書き」は困難が伴うということなのかもしれません。

こうしたところからも、初期の漢字指導については「読み、書き」同時がよいか、分離がよいかといったことまで考えさせられます。

漢字を読む能力は語の意味の理解力と重なるものですが、書く能力は一次的には図形の再生能力だといってもよいでしょう。また、漢字を読むことは、日本という限られた社会生活の中で学ぶことが多いのでしょうが、書くことは彼らにとって生活の中でおのずから成されるということは少ないはずです。

さらに、読みと書きとでは習得の進度が違います。そうなると、指導者は読みの指導と書きの指導とをいかに関連させるか、また、いかに分離させるかということを考えなければなりません。「日本語を習得した」ということ、ことに「漢字を習得した」ということはどういうことなのか、こうした分別も問題になります。

彼らの場合、外交官という特殊な職業上、次の程度でよいといえるかもしれません。

①新聞・手紙・ファックスなど、何らかの語に即して読める。

②職業上必要な語彙（大臣、書記官、領事館など、また「政」という漢字ならば「政治」「政策」「政党」「政権」など、「民」という漢字ならば「民族」「民主主義」「市民」「難民」など）については書き取りが出来る（この書き取りは、テストの意味合いより、指導者にとって習得の実態をつかむための資料にもなるでしょう）。

③作文の推敲段階で、語に即して必要な漢字を調べ、ある程度漢字で書く意欲を持つ。

小学校低学年の場合、普通の子供ならば、読めるようになった文字は書きたくなるといった学習意欲が起こります。しかし、彼らの場合、日本文で書かなければならない必要性が生じた場合は、秘書官に依頼するということが出来るかもしれない。自国語でない言語に対して、どこまで興味・関心を持ち、彼ら自身が本気で日本語をマスターしようという意欲を持つかということと、日本語または漢字の習得効果とは関連があるといえるでしょう。

ただ、指導者には申し訳ないのですが、書く指導（学習）を加えなければ、読むことの指導（学習）の効果はあがりません。これは間違いない事実です。漢字かな交じりの文章を読むだけで、漢字がマスター出来るというものではありません。

指導者は読みに付随した書く活動と、日本文を書くことの完全習得のための書きの練習とは、両者を別のものと考える配慮を欠いてはならないのです。こう考えていくと、指導者の資質ということがいかに大きな問題かということになってきます。

日本語を教える教師の資質

指導者の資質が問題だといいましたが、では、日本文（漢字かな混じり文）の学習指導を考えるとき、指導者（小学校教師も含めて）にとって必要な資質というのはなんでしょうか。真っ先に思い浮かぶのは、次の和歌です。

敷島の　大和の国は言霊の　さきはふ国と　語り継ぎ　言ひ継がひけり　（山上憶良）

「万葉集」巻五に出ている和歌です。「言霊の幸《さき》はふ国」、これが大昔からの日本です。「言葉というのは活発に活動し不思議な力を持っているものだから、その言葉を大事にしなくてはならない」というふうに考えられてきたのが、わが国の伝統的な姿でした。

同じように、言葉を大事にしてきた伝統を持つ国があります。それはフランスです。アカデミー・フランセーズの辞書は新語をなかなか採り入れないということで有名です。

本当の、正しいフランス語だと認められた語しか選ばないのだそうです。

それとともに、これもまた有名な話ですが、フランスでは娘を嫁がせるとき、「うちはお金持ちでないから何も持たせられないけれど、そのかわりに、立派なフランス語だけは娘に教え込んでありますす」と、誇り高きフランス人は言うそうです。

これは大事な娘の嫁入り道具が、「立派なフランス語を身につけさせておく」という無形の財産であり、この一事でフランスという国がどれほど国語を大事にしているかということがわかります。

わが国が言葉を大事にしていることを言い表すには、万葉以後の文学、和歌ばかりでなく、いま、海外でも流行しつつあるという俳句作りを挙げるのもよいでしょう。

言葉の吟味については、芭蕉一門をはじめ俳諧人などは今でも言葉を大事にする考え、美しい日本語を用いる習慣を引き継いでいます。

文化としての言葉を大事にする、そして美しい国語を使うという考え方は、昔からの日本の伝統でもあったのです。そうした考えの中で支えられているのが、ひらがなでありカタカナであり、そして日本の漢字なのです。

そうしたことを踏まえて漢字指導にスポットを当てて考えれば、まず正しい日本語を教えること、そして正しい文字の使い方が出来ること、そうしたことが大事だということになります。

教師自身の言語活動、ひいては、常用漢字・教育漢字についての知識が貧弱だと、正しい日本語教育のための指導計画すら、立てられないということになります。

小学校教師のみならず、前記外交官のための、たとえ数か月の日時での指導だとしても、いや、そうならばなおのこと、効率的で最大の効果が上がる方法を導き出してカリキュラムを組まなければならないはずです。

だとしたならば、指導者としては、次のような素養は積んでいなくてはならないはずです。

必要な七つの資質

①基礎知識として、漢字の来歴および漢字が日本の文字として定着した過程を研究していなければならない。

そうでなければ、漢字の指導がカタカナやひらがなの指導と同じになり、漢字とそれら表音文字とは異なった性質の文字であるといった、漢字の特性を活《い》かした指導が出来ません。

ことに日本語は文法構造も英語圏とは異なるわけですから、外国人にとっては難しいはずですが、小学生にとってもその難しさは相当なものであり、彼らの頭の構造を改革するつもりにならないと成功はおぼつかないでしょう。

②日本の漢字に、なぜ、音が出来たか、なぜ訓が出来たか、といったような初歩的な質問に的確に答えられる程度の研究・研鑽は積まなければならない。

これも漢字の特性のひとつではありますが、表音文字言語の感覚・習慣しかない国の人々にとって、たった一字でワード（語・言葉の意味、概念）を表すということは不思議に感じることだと思います。絵本によって文字を学習してきた幼児でも同じ感覚です。

漢字学習の段階に進むと、日本の漢字には「なぜ、音が出来たか、なぜ訓が出来たか」、こうした質問は必ず出るものです。音とか訓とか言わずに読みをそのまま教えれば別ですが、音読み、訓読みなどといった領域になると必ずこの質問が出てきます。そうした質問に的確に答えられるということは、指導者としての信頼を得ることにもつながります。

③それにもまして大事なのは、教師が新しい表記に熟すこと。

日本語の表記に熟すというのは、文字指導の目標そのものでもありますから、あえて取り上げるまでもないことのように思えますが、ここで使った「熟する」という語だけを取り上げてみても、「熟す」という言葉にどんな意味があり、その言葉はどんな表現として用いるか、そして、ここでいう「熟す」は、「果実などが十分に実る」意味の、いわゆる「うれる」とはどう違うかといったような、言葉に対する感覚や関心は常に感度よく持ちたいものです。

学年便りを作るのに、「家庭でのこどものことばのしつけを……」などと表記したいときに、その表記法は「子供の言葉の……」なのか、「子どものことばの……」か、「しつけ」は漢字でよいのか「ひらがな書き」かなどと、いまだに論議しあっている教師集団もあるということを聞きました。

『文部省　用字用語例』（一九八一年一二月刊）は一般に留意を要する用字用語の標準を示したものですが、そうした資料は、日常的に目を通しているとか、あるいは愛用の国語辞典くらいは、座右にあって、その都度、参考にするくらいの習慣をつけておかなければならないのではないでしょうか。

④一点一画をおろそかにしないで書くくせをつける。

教師という職業は、かなり、多くの文書を作成しますし、文字を人に見られる場合が多い職業です。文字というのは不思議なもので、良くも悪くも書類一枚でその人となりが勝手に判断されてしまいます。就職に際して自筆の履歴書を提出させるのも、一つには文字からその人の性格を判断する材料になるからだともいわれています。今どき、文字はパソコンだから……などといっても、手書きしなければならない場は履歴書ばかりでなく、数限りなくあります。そのつど「字が下手で損した」と思っている人は少なくありません。

ましてや、悪筆のため商売のタネともいえる板書が嫌いで、子供の前でも一切書いたことがないという教師がいたという嘘のような実話を聞いたことがありますが、日々どうやって授業を進めていたのだろうかと不思議議でした。

昔は板書ひとつでさえ、指導技術としてやかましくいわれたものでした。芦田恵之助先生の名で有名な「読むことの学習指導過程＝七変化の授業形態」（「ヘンゲ」などと読まないでください）などと共に、一時間の授業で、黒板のどのあたりに、どういう語を、どう書き、真ん中辺にはなにを書き、最後にはなにを板書するかといったように、板書計画まで厳しく指導された時代もありました。

そして授業の終わりには、まとめとしてその板書を全員に読ませながら消していく、こうして一時限の授業が終わるといった授業法を教えられたりもしたものでした。チョークの使い方、黒板消しを用いた黒板の消し方まで、指導技術の中に含まれていたものでした。

そうした話をすると、若い先生などは黒板の消し方などというものがあるのか、そんなことまで大学で教えたのか、と驚きます。

子供は黒板に書いた教師の字や、教師の書き方を、毎日、毎日見て育ちます。雑な書き方をすれば子供も真似をします。丁寧な書き方を見せていれば子供も丁寧に書きます。子供たちの前で書く文字について、一点一画をおろそかにするわけにはいきません。ましてや、誤字など許せるわけがありません。子供に軽蔑されるでしょう。

字は上手に越したことはありませんが、要は一点一画を丁寧にきちんと書いているかどうかです。子供の前で使う言葉と同じです。子供の前では標準語で話さなければなりませんが、文字も標準字体で書かなければなりません。そうした日々の集積が子供に反映します。

家庭への連絡・お便りなども、今はすべてパソコンになったようで、「手書きでなくてよかった」と安堵している人も多いでしょうが、その人の性格は文字ばかりでなく、書かれた文章、文面に表れます。「文は人なり」といいます。家庭配布の文面にはくれぐれもご注意を……。

◇5 一般的な筆順指導の方法にはおよそ次のようなものがある。

①分解法……文字を構成している一点一画をばらばらにして、筆順に従って並べて表記する方法

②組み立て法……分解法が解体的な方法なのに対して、これは一点一画を順に組み上げていく方法

③強調法……その文字全体を薄く出し、筆順に該当する部分を濃く、または太くなどして示す方法

④番号法……漢字の筆順に該当する点画に番号をつけて示す方法。画数の多い漢字には不向き

⑤彩色法……色別法とも言う。子供との間で一筆目は赤、二画筆目は青などと画数と色との取り決めをしておき、色鉛筆を使って表示する方法。

これらの中で、一点一画を離ればなれにする形（分解法）で示す方法は最も好ましくない方法ではないかと思います。ことに低学年の児童は、そうして示されたものを頭の中で組み立てていくことが出来にくいようです。子供がまとめられない示し方では、効果は期待できないでしょう。

また、一点一画を書いては見て、見ては書いて……といったように、常に頭や目を上下させなければならない書かせ方というのは考えものです。黒板の表記をノートさせるときに、観察していると、一字書いては黒板を見、一字書いては頭を黒板に向けるという子供がいます。

色別法もダメだと思います。一年生の教科書や市販の参考書などでも、筆順の指示方法として使われていますが、この方法は児童にとって困難が伴い、その上時間もかかります。あるとき、こうした方法での授業を見せてもらったことがありましたが、終了後、教室を出てきた児童に「君たち何の勉強したの」と問いかけたら、「僕たち、色を替えたの」という返事が返ってきて、みんなで笑い合ったことでした。教師は筆順指導をしたつもりなのに、児童にとっては「色を替える勉強」だったというわけです。何色ものクレヨンや色鉛筆をあの狭い机上に置いて、とっかえひっかえ一点一画を色分けしても、筆順指導にはなりそうもありません。

また、番号法（数示法）は画数の少ない漢字ではさほど不便なことはないと思いますが、画数が多くなるとごちゃごちゃして何処が何画目なのかわかりにくくなります。教育漢字で画数の最高は二〇画「議、競、護」の三字ですが、最も字数の多い画数は八から一二画までの漢字です。その内訳は七画が八六字、八画が一一〇字、九画が九九字、一〇画が九六字、一一画が九七字、一二画が九八字あります。

学年別に見ると、一年生配当字で八画以上は一〇字、二年生配当字では八六字（約半分）で、三年生配当漢字で一五〇字（四分の三）です。ですから、一年生ではともかく、二年生、三年生では番号法はやめた方がよいと思います。このくらいの画数になると番号法では示しきれません。参考書などにも、この方法が使われていることがありますが、算用数字で示しにくいことがわかります。

番号法を使うなら、間違いやすい画だけに「これは四画目だよ」とか、「ここは六画目になるよ」といった意味で番号をつけておいてやる程度がよいでしょう。1から順に全部の筆順どおりの番号をつける必要はありません。

付け加えるならば、わたしはこのような明治以来の指導法ばかりにたよるのでなく、もっと効果のある指導法を開発して欲しいと思うのです。毎日の授業の中で問題意識を持って解決を図る方向で子供たちと対決して欲しいと思うのです。それが今後の日本の教育に「活」を入れる原動力として生きてきます。とくに若い先生方には、新しい日本の教育方法を考えてもらいたいものです。わたしは「口唱法」という指導法を案出しています。これなども、試してみる価値があるのではないでしょうか。

⑥漢字は国語教科書に出てこないと習得しにくいし、読み書きの機会を多くしてやるほど、習得率は高くなる。

子供の漢字習得の実態を調べてみると、読みの成績が悪ければ、書きの成績もよくないといわれます。まず、読めるようにしてやること、これこそが先決です。現在の学校教育での指導法は読み書き同時学習ですが、そうならば、「この読み書き同時学習を上手に利用していこう」という考え方に方向転換する必要があります。

言語活動の基本は「理解から表現へ」が原則であり、話し言葉であれば「聞くこと」から「話すこと」へ、書き言葉であれば「読むこと」から「書くこと」へというのは自明のことです。

では、読みの成績がよければ、書きの成績もよいかといえば、これまた「さに非《あら》ず」です。読みの成績がよくても書き取りはダメという子供はたくさんいます。漢字をある程度読むには不自由しないが、書くとなると字が思い出せないという大人と同様です。

子供の場合、教科書に出てこない漢字は書き取り練習をしない傾向があります。子供の頭には教科書にそって勉強するものだという観念が強くあります。漢字ドリルなど書店でも売られていますが、そうしたものを使って漢字練習をしたがる子供がいれば、それは特別です。

書きの成績がよければ、読みの成績もそれなりにある程度よいのですが、書きの成績が悪いという子供が読みの成績も常に悪いとはいえません。書きは出来がよくなくても、また書いた字のひどく汚い子、字の下手な子でも、読むのだったら惚《ほ》れぼれするくらい上手だという子も、これまた、たくさんいるものです。

こうしたことなどを考えてみると、教科書に出た漢字は、最低、読み書きともにさせる、そしてその上、なるべく多く読み書きの機会を与え、みんなで評価し合うような学習活動を工夫したりして、切磋琢磨《せっさたくま》させ、励まし合い、成功感を味わわせるといったような配慮が必要だと思います。

⑦学習者の興味や必要に訴えて指導するときに学習効果は上がる。

このことについては異存なしだと思います。漢字学習に限ったことではありませんから、どんな教科指導でも導入段階からまとめの段階までの中で、指導者ならばだれでも考え、工夫を凝らしていることだろうと思います。

ここで考えていただきたいのは対象が漢字学習だということです。単なる機械的な漢字テストではありません。毎朝一〇問ずつの小テストを行って成果を挙げている教室もあるでしょうし、週に一回、五〇問テストをやっている教師もいるようです。

反復練習の必要性からも、そうしたことも大事なことではありますが、ここで考えていただきたいのは、「学習者の興味や必要に訴えて指導する」という点です。漢字に対する興味を持たせるために、漢字の必要性を強く認識し、積極的に漢字で表現できるようになりたいという意欲を持たせるために、漢字の指導者として、どんな工夫をすればよいかということなのです。

興味を重んじた学習法もあるでしょうし、カードを中心とした練習法もあるでしょう。さらには、先のように書き取りテストや書き取り練習帳を使った方法もあるでしょうし、漢字の分解や字源的指導もあるでしょう。部首別漢字一覧表などを作らせている教室もありました。

こうしたやり方について、どれがよいかということではなく、なんであれ、教師が漢字指導に熱心にならない限り、子供はついて来ないということです。そして常に治療的な学習も取り入れることを忘れないで欲しいものです。

評価は教師の自己反省

読みがなをつけさせるテストでルビのつけ方の指導が徹底していないために、バツになったという学習塾への不満を訴えている子供がいました。《干渉》の読みを「かんし・ょう」と表記しているように見られてバツになったというのです。《干渉》が「かんしょう」と読めなかったわけではないというのが、この子の主張でした。

さらには《頭数》を「あたますう」と読みがなをつけてバツになったという子の場合、「あたまかず」と読むのであって、「あたますう」ではないという指導が徹底していなかった反省も指導者としては必要でしょう。重箱読み・湯桶《ゆとう》読みの原則と変則のあることを、しっかりと教えておくべきだったという自己反省が出来ます。

「船頭」を「センドウ」と読ませる問題で、「せんどう」と正しく読めたという子供が、「船出」は読めない、「頭文字」を「あたまもじ」と読み「かしらもじ」と読めないなどということもあります。こうしたとき、この子は「船頭」だけは読めたのであって、「船」「頭」等の漢字がそれぞれきちんと音訓ともに読むことに習熟していたとはいえないわけです。そればかりか、この子は「船出」という「言葉」そのものを知らなかった可能性があります。そうした場合は「船」が読め、「出」が読めても「船出」は読めないものです。

テストなどはこうした教師の指導の欠陥あるいは児童の認知不足などがわかりますから、十分治療的に活用できると思います。評価として点数を競わせることよりも、そうした利用法が効果的だと思います。

こう考えると、教育漢字の学年配当漢字表は、それぞれの漢字が、その漢字を使った日本語（熟語）の表現練習を開始するのに無理のない学年配当になっているということがわかります。そこから、配当漢字を使ってどんな言葉指導（熟語等）をすればよいかが、おのずと展開されてくるはずです。

こういう言い方をすると、配当漢字以外の漢字を教えてはならないのかという質問が飛び出しそうです。

学年別配当表は漢字の学習が無理なく、しかも効果的に行われるように定めたものですから、この学年で始めることが妥当だということであって、絶対に他の学年で始めてはならないというものではありません。漢字にもよりますが、学年別に割り振られている漢字は、その学年を含めて前後の学年で取り上げられるもののようです。

「具」（三年配当字）を三年の一学期の初めに指導するのも、三学期に指導するのも悪いことではありません。そればかりか、二年の三学期に指導しても四年になってから指導しても大差ない場合もあります。「用具」「雨具」などは二年生でも教えられるでしょうが、「目標を具体的にいう」とか、「具現化」などという言葉になったら四年生どころか、五年になってからの方がよいという場合もあるでしょう。

また学年配当漢字にない字でも、身近な漢字、自分にとって興味や関心の高い漢字ならば、読み書き出来るようになるものです。相撲の好きな子が贔屓《ひいき》のお相撲さんの四股名《しこな》が、教育漢字でなくとも読めて書けるようになるなどその例でしょう。

たまたま転校生が入ってきて、その人の姓が教育漢字外だったとしたとき、教科書にまだ出てこないからという理由で、強《し》いて指導を控えるという必要もありません。むしろ「絶好の機会だ」くらいに考える方がよいだろうと思います。一斉指導のよいチャンスではありませんか。

独自の漢字指導体系を持っているか

しかし、だからといって、現に用いている国語の教科書と著しく違う漢字指導の体系を立てて指導することは、全体から見てあまり効果的な方法ではないと思います。その上、適切に教育漢字一〇〇六字を自分流に体系だてるというのは、たいへんなことです。

教科書の立てている指導体系を尊重することは、六年間の指導を考える上で、学習指導上の原則だと思った方がよいでしょう。よく漢字指導の系統性などということをもっともらしくいいますが、その系統というものをいまだ見たことがありません。

象形文字や指事《しじ》文字を先に教えてから会意文字や形成文字に進むべきだという考えも聞きますが、果たしてそうした系統が出来るのでしょうか。またそうしたときに本当にメリットがあるのでしょうか。これらの考え方は単なる思いつきなのではないでしょうか。

先日も「読」を教える前に「読」の要素である「言」と「売」を教えておいて、そのあとで「読」を教えるのが効果的だというような論を展開しているブログや、教師が作っているホームページがありましたが、そうした考えでどのように一年生から六年生までの漢字の配当を作るのでしょうか。それよりも、教育漢字一〇〇六字について、そのような体系が実際に出来るのでしょうか。

わたしが調べたところによると、教育漢字一〇〇六字の中には、象形文字だと思える漢字は一二八文字、指事文字が一八文字しかありませんでした。あとは会意文字と形声文字ということになりますが、純然たる形声文字というのも六三文字しか見当たりませんでした。象形文字と指事文字が基本文字だとして、それをどう配当するのでしょうか。

漢字を学ぶことは言葉を学ぶことです。漢字は言葉の指導体系の枠の中の一つの要素だという考え方の中で、どう活かせるかというところが、教師の漢字指導や漢字体系の研究なのではないでしょうか。

教科書と指導との関係

すでに述べたように、漢字の指導は教材の文脈に即して行われることが望ましく、機械的な提出は避けるのが賢明だと考えられます。だからといって、国語教科書の新出漢字を完全に文脈に即させようとしても、配当表と一致するとは限りません。配当漢字が全部入っている文章を作れといってもそんなことが出来るかどうかも疑わしいところです。

かつて、「后」を教科書に入れるために四苦八苦したという話を聞いたことがあります。天皇・皇后の行幸の話を作ったり、国民体育大会への臨席の説明文を作ったりして、やっと検定をパスしたなどという話まであります。そこで、他教科の教科書も援用しようということになると、新出漢字の指導も他教科でしなければならなくなります。そんなことは出来ませんから、他教科の教科書での漢字使用はできるだけ、すでに国語教科書で学んだ漢字の範囲で作るといった方法でまかなうのが妥当です。そうでないと、社会科でも漢字指導をやり、理科でも読みと意味の指導をするといったことになりかねません。

漢字の学習負担のために各教科本来の内容的な指導がおろそかになる心配が出てきます。そうしたことを防ぐために、当然、教科書会社では教科書作りにこうしたことに対しても配慮をしていると思いますが、それはどんな配慮なのでしょうか。他教科の教科書では国語教科書の新出漢字よりも、一年ずつあとから漢字を提出するようにしているのでしょうか。

もし、そうだとすると、字によってはせっかく国語で学んだのに、他教科ではその学年の配当漢字が使われていないということにもなりかねません。そうなると、漢字の学習指導の立場からいえば、ずいぶんもったいない話です。

本来、日本語の表記は漢字とかなを交ぜて書く方式です。新憲法および法律文が漢字交じりひらがな文になって以来、普通文において用いるかなはひらがなとしています。それに合わせるように、一九四七（昭和二二）年度以降の教科書はひらがな文、または漢字交じりのひらがな文ということになりました。

そうならば、思い切って、既習・未習を問わず、教科書に出す文章では、教育漢字を使って表記出来る言葉はなるべく漢字を使って表記する、ただし、未習漢字にはルビをつけるということにしたらどうかと思うのですが、こうした考えは無謀でしょうか。

ここでは漢字指導という意味ではありませんから、教育漢字の読み書き指導をするわけではありません。日本文を書く上での当たり前のこととして、そうした表記をするのです。

多くの出版社が発行している本のように、幼児の本はひらがなで、小学生の読むものは漢字も少し使い、大人用の本ではたくさん漢字を使って書き表すなどという公的な決まりはないのです。幼児であろうとも、小学生であろうとも、大人であろうとも、また外国人であろうとも、あるべき姿、当たり前の日本文の表記に接しながら言語生活を行うのが最もよい姿です。

そうすることによって、現在の日本文の正書法までも学ばせることが出来るわけです。正書法を見て育つというのは大事なことです。

今まで教科書では、みっともないとも思わずに、読みにくく、わかりにくい表記だとも思わずに（あるいは、みっともない表記だとは思いつつも、なのかもしれませんが）、漢字とかなの交ぜ書きをしてきました。ここでいうのは熟語の交ぜ書きのことです。例えば、忍者を（にん者）、図鑑を（図かん）、紹介文を（しょうかい文）と表記するなどといったことです。そうした交ぜ書きはやめようということです。すっきりした日本文の表記を常に目にするようにさせようということなのです。

今、問題としているのは書きではなくて、読みです。目に触れながら育つことです。初めから、そういうものだと知ることです。配当漢字に固執すると、「甘言」「狂言」「寝言」「昆虫」「共倒れ」「反撃」「離反」「衰退」「脱退」「選択」「抽選」などという熟語表記は、教科書では見ることもなく、卒業してしまいます。

漢字を覚えるかどうか（読み書きが出来るようになるかどうか）は、漢字交じり文の読み書きの経験と関係があります。家庭でよく本を読む子、地域の図書館員が常連だと認めるような子、そうした子は読みにおいてはかなりの力を持つ子だと見てよいでしょう。そうしたことを考えると、意図的であるか、ないかにかかわらず、学習の機会、漢字に触れる機会は多くすることがよいとわかります。

自作のテストやドリルを作ろう

漢字指導というのは、それぞれの漢字によって表現される言葉の指導です。「シャゲキ」は「鉄砲から弾丸を発射させて撃つこと」をいうのですから「射撃」なのであって、「射げき」ではないのです。文字というものは書きさえすればよいというものではありません。意思の伝達、思想の伝達のために使うものです。

学校では、「うた」という言葉は「歌」（人が大きな口を開けてカーカーと声を出す形）という漢字で指導し、「かしゅ」という言葉は「歌手」、「カ」という音読み語ならば「国歌、短歌、和歌」などといった熟語で指導するでしょう。あるいは「流行歌」などという熟語で指導するのもよいでしょう。もし、「倍」（人と花のつぼみや木の実が割れて二つになること）という字でしたら、「二倍、三倍、倍加」などという言葉によって、初出指導が行われることになるでしょう。配当漢字はその字によって表現される、最も代表的な漢字の用法の初出学年を規定することになります。

それらの漢字を、どんな用法、どんな提出の仕方で教えるか、そうしたことを考えるときに欲しいのが、適切な用法や基礎的な用語が選定してある書物です。そうした参考書が先生方の手元にあるのでしょうか。『現代雑誌90種の用字用語』（国立国語研究所）や漢字辞典、国語辞典などはある程度参考になるでしょうが、小学校教師には「教育漢字の学習指導語例集」などがあればそれに越したことはありません。

こうしたものが手元にあると、辞典作りにも漢字テストの作成にも、学習指導にもどれだけ役立つか知れません。それぞれの漢字について、どんな言葉で提示したらよいか、どんな言葉を読み替え語として出したらよいか、そうしたことを承知しておくことは指導者にとって必須の条件だともいえることなのですから。

それなのに、現今は、テスト業者にそうしたことを任せて、テストやドリルまでも教師自身で作成する骨折りを放棄してしまうきらいがあるといいます。印刷技術、ファクスなどの普及によってコピーは簡単ですし、各社から見本に送られてきたドリルなどを切り貼りして印刷し、子供に渡すとも聞きます。著作権の侵害に当たるようなことをやっているのでは問題です。それでは、学習塾よりも劣るということになりますし、単なる学習参考書業者と子供との仲介者でしかありません。

指導者は、教科書に出てきた言葉以外に重要な語形としてどんなものがあるかを知って、指導の充実を図ると同時に、一般的な誤答の型をも知っておかなければならないでしょう。そうしたことが出来てはじめて、国語科教師だといえるのではないでしょうか。プロの教師とはそういった教師をいうのでしょう。

下村　昇　（しもむら・のぼる）

1933年東京都に生まれる。東京学芸大学国語科卒業。東京都の公立小学校教員となり、漢字・カタカナ・ひらがな・数字の「唱えて覚える口唱法」を提唱。東京都立教育研究所調査研究員、国立教育研究所学習開発研究員、全国漢字漢文研究会理事などを歴任する。現在、「現代子供と教育研究所」所長。独自の「下村式」理論で数々の辞書や教育書、副読本などを執筆。著書は100点以上に及ぶが、中でもシリーズ『下村式・唱えて覚える漢字の本』（学年別、偕成社）は刊行以来400万部を突破している。

ホームページ　http://www.n-shimomura.com/

下村 昇の漢字ワールド 1

日本の漢字・学校の漢字

●二〇〇六年　三　月一〇日――――第　一　刷発行

著　者／下　村　昇

発行所／株式会社 高文研

東京都千代田区猿楽町二―一―八

三恵ビル（〒一〇一＝〇〇六四）

電話　03＝3295＝3415

振替　00160＝6＝18956

http://www.koubunken.co.jp/

本文レイアウト・DTP／㈱キャデック

装丁／井上　登志子

印刷・製本／三省堂印刷株式会社

★万一、乱丁・落丁があったときは、送料当方負担でお取りかえいたします。

ISBN4-87498-357-X C0037

動物のかたちからできた漢字

尾の長いとりのかたち

尾の短いとりのかたち

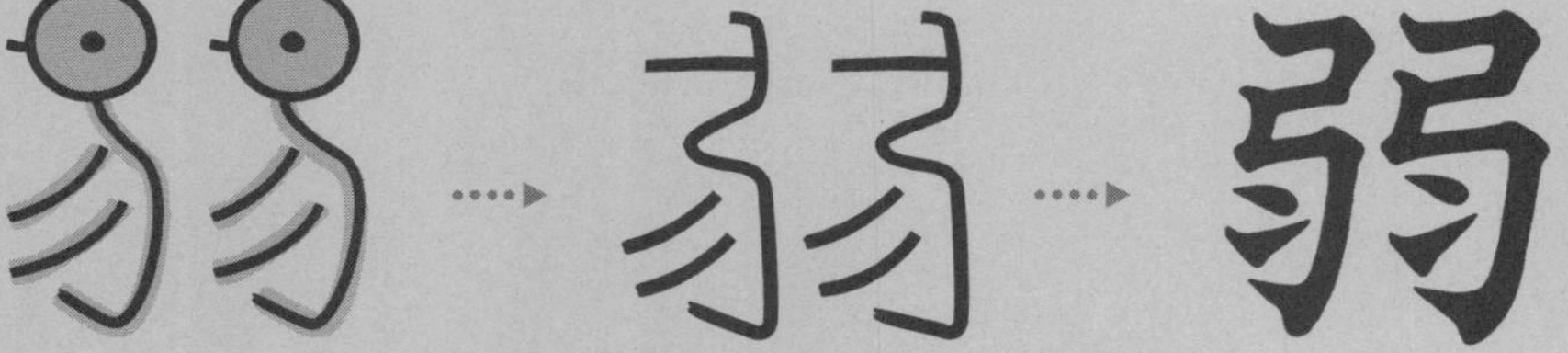

生まれたばかりのひなどりのかたち

はねをひろげてとんでいるかたち（よこからみたもの）

はねをひろげてとんでいるかたち（上からみたもの）